Benedikt XVI.

MIT DEM HEILIGEN VATER DURCH DAS JAHR

EIN LESEBUCH

SANKT ULRICH
VERLAG
GmbH

Redaktion: Thomas Mertz

Hinweis zu den Texten: Die Auslassungen und Einfügungen, die der Heilige Vater in Zitaten vorgenommen hat, wurden mit runden Klammern gekennzeichnet. Die Auslassungen und Einfügungen von Redaktion und Lektorat wurden mit eckigen Klammern versehen.

Bibliographische Information der Deutschen Bibliothek

Die Deutsche Bibliothek verzeichnet diese Publikation in der Deutschen Nationalbibliographie; detaillierte bibliographische Daten sind im Internet über http://dnb.ddb.de abrufbar.

Titelbild: Stefano Spaziani
Umschlaggestaltung: uv media werbeagentur
Mediengruppe Sankt Ulrich Verlag, Augsburg
Druck und Bindung: fgb, Freiburger Graph. Betriebe, Freiburg
Printed in Germany
ISBN 978-3-86744-071-4
www.sankt-ulrich-verlag.de

Inhalt

Januar

1. Januar

Gottesmutter Maria

Die Kirche richtet den Blick auf die himmlische Gottesmutter, die das Jesuskind, die Quelle allen Segens, in den Armen hält. „Gruß dir, heilige Mutter", so singt die Liturgie, „du hast den König geboren, der in Ewigkeit herrscht über Himmel und Erde." Im mütterlichen Herzen Mariens hallte die Verkündigung der Engel in Bethlehem wider und erfüllte es mit Staunen: „Verherrlicht ist Gott in der Höhe, und auf Erden ist Friede bei den Menschen seiner Gnade" (Lk 2,14). Und das Evangelium fügt hinzu: „Maria aber bewahrte alles, was geschehen war, in ihrem Herzen und dachte darüber nach" (Lk 2,19). Wie sie bewahrt auch die Kirche das Wort Gottes und denkt darüber nach, wenn sie die unterschiedlichen und sich verändernden Situationen, denen sie auf ihrem Weg begegnet, im Licht des Evangeliums betrachtet.

Angelus, 1. Januar 2006

2. Januar

Möge das neue Jahr, das wir [...] zuversichtlich beginnen, eine Zeit sein, in der wir in der Einsicht des Herzens fortschreiten, die die Weisheit der Heiligen ist. Bitten wir deshalb[...]: „Der Herr lasse sein Angesicht über uns leuchten und sei uns gnädig" (vgl. Num 6,24–27) und segne uns. Wir können sicher sein: Wenn wir nicht nachlassen, sein Antlitz zu suchen, wenn wir nicht der Versuchung der Mutlosigkeit und des Zweifels nachgeben, dann bleiben wir trotz der vielen Schwierigkeiten, denen wir begegnen, immer in ihm verankert, dann werden wir die Macht seiner Liebe und seines Erbarmens erfahren. Das zarte Kind, das die Jungfrau heute der Welt zeigt, soll uns zu Friedensstiftern, zu Zeugen für ihn, den Friedensfürst, machen. Amen.

PREDIGT 1. JANUAR 2008

3. JANUAR

In diesen ersten Tagen des Jahres sind wir eingeladen, die Bedeutung der Gegenwart Marias im Leben der Kirche und in unserer persönlichen Existenz aufmerksam zu betrachten. Vertrauen wir uns ihr an, auf daß sie unsere Schritte in diesem neuen Zeitabschnitt leiten möge, den der Herr uns zu leben schenkt, und uns helfe, wahre Freunde ihres Sohnes zu sein und so auch mutige Erbauer seines Reiches in der Welt, des Reiches des Lichtes und der Wahrheit.

GENERALAUDIENZ, 2. JANUAR 2008

4. JANUAR

Im Ursprung jedes Menschen und somit in jeder menschlichen Vater- und Mutterschaft ist Gott der Schöpfer gegenwärtig. Daher müssen die Eltern das Kind, das ihnen geboren wird, nicht nur als ihr eigenes Kind, sondern auch als Kind Gottes annehmen, der es um seiner selbst willen liebt und es zur Gotteskindschaft beruft. Mehr noch: Jeder Zeugungsakt, jede Vater- und Mutterschaft, jede Familie hat ihren Anfang in Gott, der Vater, Sohn und Heiliger Geist ist.

PREDIGT, 9. JULI 2006

5. JANUAR

Der Adel der Arbeit, den das Christentum vom Judentum geerbt hat, war schon in den Ordensregeln Augustins und

Benedikts hervorgetreten. Bernhard [von Clairvaux] greift das von neuem auf. Die jungen Adeligen, die zu seinen Klöstern strömten, mußten sich zur Handarbeit bequemen. Bernhard sagt zwar ausdrücklich, daß auch das Kloster das Paradies nicht wiederherstellen könne, aber es müsse doch als eine Rodungsstätte praktischer und geistlicher Art das neue Paradies vorbereiten. Wildes Waldland wird fruchtbar – gerade da, wo zugleich die Bäume des Hochmuts gefällt, der Wildwuchs der Seelen gerodet und so das Erdreich bereitet wird, auf dem Brot für Leib und Seele gedeihen kann. Sehen wir nicht gerade angesichts der gegenwärtigen Geschichte wieder, daß da keine positive Weltgestaltung gedeihen kann, wo die Seelen verwildern?

SPE SALVI 15

6. JANUAR

ERSCHEINUNG DES HERRN (HEILIG DREIKÖNIG)

Wir feiern heute die Epiphanie des Herrn, das heißt sein Offenbarwerden vor den Völkern; sie werden vertreten von den Sterndeutern, jenen geheimnisvollen Gestalten aus dem Osten, von denen das Matthäusevangelium spricht (2,1–12). Die Anbetung Jesu durch die Sterndeuter wurde sogleich als Erfüllung der prophetischen Schriften erkannt: „Völker wandern zu deinem Licht – so lesen wir im Buch Jesaja – und Könige zu deinem strahlenden Glanz (...); sie bringen Weihrauch und Gold und verkünden die ruhmreichen Taten des Herrn“ (Jes 60,3.6). Das Licht Christi, das in der Grotte von Bethlehem gleichsam eingeschlossen ist, verbreitet sich heute in seiner ganzen universalen Tragweite. Meine Gedanken gehen ganz besonders zu den geliebten Brüdern und Schwestern der Orientalischen Kirchen, die dem Julianischen Kalender entsprechend morgen die heilige Weihnacht feiern werden: An sie richte ich die herzlichsten Wünsche für Frieden und Wohlergehen im Herrn.

ANGELUS, 6. JANUAR 2006

7. Januar

Wir wissen, wie sehr leider die Beeinflussung durch die materiellen Reichtümer die moderne Gesellschaft tief durchdringt. Als Jünger Jesu Christi sind wir dazu aufgerufen, die irdischen Güter nicht zu vergötzen, sondern sie als Mittel zum Leben und als Hilfe für die anderen zu nutzen, die in Not sind. Indem uns die Kirche auf die Praxis des Almosengebens hinweist, erzieht sie uns dazu, den Bedürfnissen des Nächsten entgegenzukommen, in Nachahmung Jesu, der, wie der hl. Paulus anmerkt, arm wurde, um uns durch seine Armut reich zu machen (vgl. 2 Kor 8,9). In Jesu Schule [...] können wir lernen, aus unserem Leben eine Gabe zu machen; indem wir ihn nachahmen, wächst die Bereitschaft, nicht nur von unserem Besitz zu geben, sondern uns selbst [...] Wenn der Christ sich hingibt ohne zu zählen, bezeugt er: Nicht der materielle Reichtum diktiert die Gesetze der Existenz, sondern die Liebe.

Generalaudienz, 6. Februar 2008

8. Januar

Es besteht eine enge Verbindung zwischen der Taufe Christi und unserer Taufe. Über dem Jordan öffnete sich der Himmel (vgl. Lk 3,21), um anzuzeigen, daß der Heiland uns den Weg des Heils erschlossen hat, und wir können ihn gehen gerade dank unserer Neugeburt „aus Wasser und Geist" (Joh 3,5), die sich durch die Taufe verwirklicht. Durch sie werden wir in den mystischen Leib Christi, die Kirche, eingegliedert, wir sterben und auferstehen mit Ihm, wir legen Ihn als Gewand an, wie der Apostel Paulus mehrfach betont (vgl. 1 Kor 12,13; Röm 6,3–5; Gal 3,27). Der sich aus der Taufe ergebende Auftrag besteht somit darin, auf Jesus zu „hören": das heißt an Ihn zu glauben, Ihm fügsam zu folgen und seinen Willen, den Willen Gottes, zu tun. Auf diese Weise kann jeder nach Heiligkeit streben, ein Ziel, das – wie das Zweite Vatikanische Konzil in Erinnerung gerufen hat – die Berufung aller Getauften darstellt. Maria, die Mutter des von Gott geliebten Sohnes, helfe uns, unserer Taufe stets treu zu bleiben.

Angelus, 7. Januar 2007

9. Januar

In der Taufe werden wir vom himmlischen Vater adoptiert, aber in dieser Familie, die er sich bildet, gibt es auch eine Mutter, die Mutter Kirche. Der Mensch kann nicht Gott als Vater haben – sagten schon die antiken christlichen Schriftsteller –, wenn er nicht auch die Kirche als Mutter hat. Wir sehen also wiederum: das Christentum ist keine rein spirituelle, individuelle Wirklichkeit, keine bloß subjektive Entscheidung, die ich treffe, sondern etwas Reales, Konkretes, wir könnten sagen: auch etwas Materielles. Die Familie Gottes nimmt Gestalt an in der konkreten Wirklichkeit der Kirche. Die Adoption zu Kindern Gottes, des dreieinigen Gottes, ist gleichzeitig Aufnahme in die Familie der Kirche, Eingliederung als Brüder und Schwestern in die große Familie der Christen. Und nur dann, wenn wir als Kinder Gottes uns als Brüder und Schwestern in die Wirklichkeit der Kirche einfügen, können wir „Vater unser" zu unserem himmlischen Vater sagen. Dieses Gebet setzt immer das „Wir" der Familie Gottes voraus.

Predigt, 7. Januar 2007

10. Januar

Die Christen [...] in der ganzen Welt werden also zuallererst eingeladen, wieder mehr „Jünger Jesu Christi" zu werden, was wir ja eigentlich durch die Taufe schon sind und doch immer wieder neu werden müssen in der lebendigen Aneignung des Geschenks dieses Sakramentes. Jünger Christi sein – was heißt das? Nun, das bedeutet zuerst: ihn kennenlernen. Wie geschieht das? Es ist eine Einladung, ihm zuzuhören, wie er im Wort der Heiligen Schrift zu uns spricht, wie er im gemeinsamen Beten der Kirche und in den Sakramenten, wie im Zeugnis der Heiligen uns anredet und auf uns zugeht. Christus kennenlernen kann man nie nur theoretisch. Man kann in großer Gelehrsamkeit alles wissen über die Heiligen Schriften, ohne ihm begegnet zu sein. Zum Kennenlernen gehört das Mitgehen mit ihm, das Eintreten in seine Gesinnungen, wie der Philipperbrief sagt (2,5).

ANSPRACHE, 21. DEZEMBER 2007

11. JANUAR

Durch die Taufe wird jedes Kind in einen Freundeskreis aufgenommen, der es nie, weder im Leben noch im Tod, verlassen wird, denn diese Gemeinschaft ist die Familie Gottes, die die Verheißung der Ewigkeit in sich trägt. Dieser Freundeskreis, diese Familie Gottes, in die das Kind nun eingegliedert wird, begleitet es immerfort, auch in Tagen des Leids, in den dunklen Nächten des Lebens; er wird ihm Trost, Zuspruch und Licht geben. Dieser Freundeskreis, diese Familie wird ihm Worte des ewigen Lebens geben, Worte des Lichts, die auf die großen Herausforderungen des Lebens eine Antwort geben und den rechten Weg weisen. Dieser Freundeskreis bietet dem Kind Trost, Zuspruch und die Liebe Gottes auch auf der Schwelle des Todes, im finsteren Tal des Todes. Er wird ihm Freundschaft und Leben schenken. Und dieser absolut zuverlässige Freundeskreis wird immer dasein.

PREDIGT, 8. JANUAR 2006

12. JANUAR

Ist christlicher Glaube auch für uns heute Hoffnung, die unser Leben verwandelt und trägt? Ist er für uns „performativ“ – eine Kunde, die das Leben selbst neu gestaltet, oder ist er nur noch „Information“, die wir inzwischen beiseitegelegt haben und die uns durch neuere Informationen überholt erscheint? Auf der Suche nach einer Antwort möchte ich von der klassischen Form des Dialogs ausgehen, mit der das Taufritual die Aufnahme des Neugeborenen in die Gemeinschaft der Glaubenden und die Wiedergeburt in Christus eröffnete. Der Priester erfragte zunächst den von den Eltern gewählten Namen des Kindes und fragte dann weiter: Was begehrst du von der Kirche? Antwort: den Glauben. Und was gibt dir der Glaube? Das ewige Leben. Nach diesem Dialog suchten die Eltern für das Kind den Zugang zum Glauben, die Gemeinschaft mit den Glaubenden, weil sie im Glauben den Schlüssel sahen für „das ewige Leben". In der Tat, darum geht es heute wie einst bei der Taufe, beim Christwerden: nicht nur um einen Sozialisierungsakt in die Gemeinde hinein, nicht einfach um Aufnahme in die Kirche, sondern die Eltern erwarten sich für den Täufling mehr: daß ihm der Glaube, zu dem die Körperlichkeit der Kirche und ihrer Sakramente gehört, Leben schenkt – das ewige Leben.

SPE SALVI 10

13. JANUAR

In der alten Kirche wurde das dreimalige Nein [im Taufritus: zu den Versuchungen, zur Sünde, zum Teufel] in einem Wort zusammengefaßt, das die Menschen der damaligen Zeit gut verstanden: Man verzichtet – so sagte man – auf die „pompa diaboli", auf die Verheißung eines Lebens im Überfluß, auf jenes trügerische Leben, das aus der heidnischen Welt zu kommen schien, aus ihren Freiheiten, aus ihrer Art, nur so zu leben, wie es einem gefiel. Es war also ein Nein zu einer Kultur, die scheinbar ein Leben in Überfluß mit sich brachte, in Wirklichkeit jedoch eine „Antikultur" des Todes war. Es war das Nein zu jenen Schauspielen, in denen Tod, Grausamkeit und Gewalt zur Unterhaltung geworden waren. Denken wir an das, was sich im Kolosseum ereignete oder [...] in den Gärten des Kaisers Nero, wo die Menschen wie lebendige Fackeln entzündet wurden. Grausamkeit und Gewalt waren zu Elementen der Unterhaltung geworden, eine wahre Perversion der Freude, der wahren Bedeutung des Lebens. Diese „pompa diaboli“, diese „Antikultur“ des Todes war eine Perversion der Freude, war Liebe zu Lüge und Betrug, war ein Mißbrauch des menschlichen Körpers als Handelsware.

PREDIGT, 8. JANUAR 2006

14. JANUAR

Wie [im] Taufdialog das Nein im dreifachen Verzicht zum Ausdruck kommt, so kommt auch das Ja in dreifacher Zustimmung zum Ausdruck: Ja zum lebendigen Gott, einem Schöpfergott, einer schöpferischen Vernunft, die dem Kosmos und unserem Leben Sinn verleiht, Ja zu Christus, zu einem Gott, der nicht im Verborgenen geblieben ist, sondern der einen Namen hat, der Worte hat, der Leib und Blut hat, zu einem konkreten Gott, der uns das Leben schenkt und uns den Weg des Leben weist, Ja zur Gemeinschaft der Kirche, in der Christus der lebendige Gott ist, der in unsere Zeit, in unseren Beruf, in unser tägliches Leben eintritt.

PREDIGT, 8. JANUAR 2006

15. JANUAR

Der Akt der Taufe ist aber nur ein Anfang. Im Mitgehen mit Jesus, im Glauben und im Leben mit ihm rührt seine Liebe uns an, die uns reinigt und die uns hell machen will. Die Gewänder sind im Bad dieser Liebe weiß geworden [Offb 7,14]. Weiß war nach der Vorstellung der alten Welt die Farbe des Lichtes. Die weißen Gewänder bedeuten, daß wir im Glauben Licht werden, das Dunkel, die Lüge, die Verstellung, das Böse überhaupt ablegen und helle, gottgemäße Menschen werden. Das Taufkleid wie das weiße Kleid bei der Erstkommunion [...] möchte uns daran erinnern und sagen: Werde durch das Mitleben mit Jesus und mit der Gemeinschaft der Glaubenden, der Kirche, selbst ein heller Mensch, ein Mensch der Wahrheit und der Güte – ein Mensch, aus dem das Gute, die Güte Gottes selbst herausleuchtet.

PREDIGT, 10. SEPTEMBER 2006

16. JANUAR

Das Glaubensbekenntnis ist nicht eine Summe von Sätzen, nicht eine Theorie. Es ist ja verankert im Geschehen der Taufe – in einem Ereignis der Begegnung von Gott und Mensch. Gott beugt sich über uns Menschen im Geheimnis der Taufe; er geht uns entgegen und führt uns so zueinander. Denn Taufe bedeutet, daß Jesus Christus uns sozusagen als seine Geschwister und damit als Kinder in die Familie hinein adoptiert. So macht er uns damit alle zu einer großen Familie in der weltweiten Gemeinschaft der Kirche. Ja, wer glaubt, ist nie allein. Gott geht auf uns zu. Gehen auch wir Gott entgegen, dann gehen wir aufeinander zu! Lassen wir keines der Kinder Gottes allein, so weit es in unseren Kräften steht!

PREDIGT, 12. SEPTEMBER 2006

17. JANUAR

ANTONIUS, MÖNCHSVATER

Einen besonderen Ausdruck findet [die Liebe] in dem beachtlichen Dienst praktizierter Nächstenliebe, den die gesamte monastische Bewegung von ihren Anfängen mit dem hl. Abt Antonius († 356) an verwirklicht. In der Begegnung „von Angesicht zu Angesicht" mit dem Gott, der die Liebe ist, spürt der Mönch den dringenden Anspruch, sein ganzes Leben in Dienst zu verwandeln – in Dienst an Gott und Dienst am Nächsten. So sind die großen Hospize, Kranken- und Armenhäuser zu erklären, die neben den Klöstern entstanden sind. Und so erklären sich auch die großen Initiativen für den menschlichen Fortschritt und die christliche Erziehung, die vor allem den Ärmsten zugedacht sind; ihrer haben sich zuerst die monastischen Orden und die Bettelorden angenommen und dann, die ganze Geschichte der Kirche hindurch, die verschiedenen männlichen und weiblichen Ordensinstitute.

DEUS CARITAS EST 40

18. JANUAR

Wir begehen die Gebetswoche für die Einheit der Christen, die am [...] 25. Januar, dem Fest der Bekehrung des Apostels Paulus, zu Ende geht. Die Christen der verschiedenen Kirchen und kirchlichen Gemeinschaften vereinen sich in diesen Tagen in einem einstimmigen Gebet, um Jesus, den Herrn, um die Wiederherstellung der vollen Einheit unter allen seinen Jüngern zu bitten. Es ist eine einmütige flehentliche Bitte, die mit einer Seele und einem Herzen erhoben wird und auf den Wunsch des Erlösers selbst antwortet, der sich beim Letzten Abendmahl mit diesen Worten an den Vater wandte: „Aber ich bitte nicht nur für diese hier, sondern auch für alle, die durch ihr Wort an mich glauben. Alle sollen eins sein: Wie du, Vater, in mir bist und ich in dir bin, sollen auch sie in uns sein, damit die Welt glaubt, daß du mich gesandt hast“ (Joh 17,20–21). Wenn die Christen um die Gnade der Einheit bitten, schließen sie sich dem Gebet Christi selbst an und verpflichten sich, sich aktiv dafür einzusetzen, daß die ganze Menschheit ihn aufnehme und ihn als alleinigen Hirten und einzigen Herrn anerkenne und so die Freude seiner Liebe erfahren kann.

GENERALAUDIENZ, 23. JANUAR 2008

19. JANUAR

Was aber vor allem gefördert werden muß, ist der Ökumenismus der Liebe, der direkt aus dem neuen Gebot entsteht, das Jesus seinen Jüngern hinterlassen hat. Die von den entsprechenden Taten begleitete Liebe schafft Vertrauen, öffnet die Herzen und die Augen. Der Dialog der Liebe fördert und erhellt von seinem Wesen her den Dialog der Wahrheit: Die endgültige Begegnung, zu der der Geist Christi führt, wird nämlich in der vollen Wahrheit stattfinden. Gewiß werden nicht der Relativismus oder der einfache und falsche Irenismus die ökumenische Frage lösen. Im Gegenteil, diese verdrehen sie und nehmen ihr die Orientierung.

Ansprache, 17. November 2006

20. Januar

Sebastian, Märtyrer

Am heiligen Sebastian könnt ihr auch Maß nehmen für euer christliches Zeugnis. Dieses Zeugnis ist heute mehr denn je gefragt. Denn immer mehr unserer Zeitgenossen leben so, als ob es Gott nicht gäbe. Der christliche Glaube verbreitet sich freilich nicht mit der Gewalt der Waffen, sondern mit dem Zeugnis des Lebens. Männer und Frauen werden gebraucht, die in ihrem alltäglichen Tun nicht müde werden, aufmerksam die Zeichen der Zeit zu erfragen und das Evangelium unerschrocken weiterzusagen. [...] Der heilige Sebastian war von Christus getroffen; wie spitz die Pfeile auch waren, die seinen Körper trafen, sie konnten seiner Seele nichts anhaben. Denn Sebastian war gerüstet für ein Zeugnis, das ihm das eigene Blut kosten sollte. Er hatte das befolgt, was der Epheserbrief den Christen rät: „Gürtet euch mit Wahrheit, zieht als Panzer die Gerechtigkeit an und als Schuhe die Bereitschaft, für das Evangelium vom Frieden zu kämpfen. Vor allem greift zum Schild des Glaubens! Mit ihm könnt ihr alle feurigen Geschosse des Bösen auslöschen. Nehmt den Helm des Heils und das Schwert des Geistes, das ist das Wort Gottes“ (Eph 6,14–17).

Ansprache, 3. Nov. 2001

21. Januar

Eine dringende Priorität im ökumenischen Dialog bilden die großen ethischen Fragen, die unsere Zeit stellt; hier erwarten die fragenden Menschen von heute mit Recht eine gemeinsame Antwort der Christen. Gottlob gelingt sie in vielen Fällen [...] Aber – Gott sei es geklagt – nicht immer gelingt das. Durch Widersprüche in diesem Bereich verlieren das Zeugnis für das Evangelium und die ethische Orientierung, die wir den Menschen und der Gesellschaft geben müssten, an Kraft und nehmen oft vage Formen an, so daß wir unserer Zeit das nötige Zeugnis schuldig bleiben. Unsere Spaltungen stehen im Kontrast zum Willen Jesu und machen uns vor den Menschen unglaubwürdig. Ich denke, daß wir uns darum mit ganz neuer Energie und Anstrengung bemühen sollten, in diesen großen ethischen Herausforderungen unserer Zeit gemeinsam Zeugnis zu geben.

Ansprache, 19. August 2005

22. Januar

Der Ökumenismus ist gewiß ein langsamer, bisweilen vielleicht auch entmutigender Prozeß, wenn man der Versuchung nachgibt, „wahrzunehmen" und nicht zu „hören", undeutlich zu sprechen statt mutig zu verkündigen. Es fällt nicht leicht, eine „bequeme Taubheit" aufzugeben, so als wäre das unveränderte Evangelium nicht imstande, wieder aufzublühen, indem es sich von neuem als der von der Vorsehung bestimmte Sauerteig der Umkehr und geistlichen Erneuerung für jeden von uns durchsetzt. Der Ökumenismus ist – so sagte ich – ein langsamer Prozeß, er ist ein langsamer und ansteigender Weg, so wie jeder Bußweg. Ein Weg jedoch, der nach den anfänglichen Schwierigkeiten und gerade in ihnen auch weite Räume der Freude, erfrischende Rastplätze aufweist und es dann und wann erlaubt, aus voller Lunge die reinste Luft der vollen Gemeinschaft zu atmen.

Generalaudienz, 24. Januar 2007

23. Januar

Zusammen mit der Bekehrung des Herzens und der Heiligkeit des Lebens ist das private und öffentliche Gebet die Seele der ganzen ökumenischen Bewegung (vgl. Unitatis Redintegratio 8). Das gemeinsame Beten und Bitten ist Ausdruck des Glaubens, der alle Jünger Jesu eint, und des Vertrauens auf den Beistand des Herrn. Die Wiederversöhnung der Christen übersteigt unsere menschlichen Kräfte und Fähigkeiten; um so mehr müssen und dürfen wir unsere Hoffnung „gänzlich auf das Gebet Christi für die Kirche" setzen (vgl. Nr. 24). Die Gebetswoche soll daher eine Zeit des Dankes an Christus für die schon erreichten Fortschritte auf dem Weg zur Einheit sein sowie Tage des eindringlichen Bittens um diese Einheit, die nur Er geben kann.

Generalaudienz, 23. Januar 2008

24. Januar

Am Ende der Gebetswoche für die Einheit der Christen sind wir uns noch mehr dessen bewußt, wie sehr das Werk der Wiederherstellung der Einheit, das alle unsere Kraft und Anstrengung erfordert, unsere Möglichkeiten indessen unendlich übersteigt. Die Einheit mit Gott und mit unseren Brüdern und Schwestern ist ein Geschenk, das von oben kommt, das aus der Liebesgemeinschaft zwischen Vater, Sohn und Heiligem Geist entspringt und in ihr wächst und sich vervollkommnet. Die Entscheidung, wann und wie sich diese Einheit voll verwirklichen wird, liegt nicht in unserer Macht. Gott allein wird es vollbringen können! Wie der hl. Paulus setzen auch wir unsere Hoffnung und unser Vertrauen „in die Gnade Gottes zusammen mit uns" [vgl. 1 Kor 15,10].

Predigt, 25. Januar 2008

25. Januar

Pauli Bekehrung

Unter [den bedeutenden Gestalten der Urkirche] ragt ohne Zweifel Paulus von Tarsus hervor. Seine Persönlichkeit und sein Denken kennen wir aus der Apostelgeschichte und vor allem aus seinen zahlreichen Briefen im Neuen Testament. Paulus - ursprünglich hieß er Saulus und war von Beruf Zeltmacher - stammte aus der Stadt Tarsus in der jüdischen Diaspora und war ein Schüler des berühmten Schriftgelehrten Gamaliël in Jerusalem. Als Eiferer für den Glauben der Väter verfolgte er zunächst die Anhänger Jesu. Doch die Begegnung mit Christus, das Berufungserlebnis auf dem Weg nach Damaskus hat das Leben des Saulus radikal verändert. Der Herr hat gerade ihn, den Verfolger der ersten Christen, zu seinem Werkzeug auserwählt, damit er den Völkern das Evangelium bringe. Die Liebe Christi machte den Saulus zum Paulus; der so zum Apostel Berufene stellte sein ganzes Leben in den Dienst Jesu und der Frohen Botschaft. Unermüdlich und unter allerlei Schwierigkeiten und Verfolgungen verkündete er auf seinen Missionsreisen den Heiden das Heil, das uns im gekreuzigten und auferstandenen Christus geschenkt ist. Und diesen Glauben hat Paulus mit seinem Blutzeugnis hier in Rom besiegelt.

Generalaudienz, 25. Oktober 2006

26. Januar

Timotheus und Titus, Bischöfe, Apostelschüler

Heute möchte ich mit euch über die Apostelschüler Timotheus und Titus, die Mitarbeiter des hl. Paulus, nachdenken. Wir kennen sie aus der Apostelgeschichte und aus den paulinischen Briefen. Sie sind auch die Adressaten der drei dem Apostel Paulus zugeschriebenen Pastoralbriefe. Timotheus, den Paulus auf seiner zweiten Missionsreise kennenlernte, wurde ein enger Vertrauter des Völkerapostels, der ihn mit vielen wichtigen Missionen beauftragte. Sein Name begegnet uns auch als Mitabsender einiger Briefe des Paulus. Nach dem Zeugnis des antiken Kirchengeschichtsschreibers Eusebius von Cäsarea war Timotheus der erste Bischof von Ephesus.

Titus, der zweite große Apostelschüler, begleitete Paulus auf dem sogenannten Apostelkonzil in Jerusalem. Laut dem Titusbrief betraute Paulus ihn mit dem weiteren Aufbau der Kirche auf Kreta. Später wirkte er auch in Dalmatien. An Timotheus und Titus sehen wir, wie sich Paulus in der Ausübung seiner Sendung als Apostel auf zuverlässige Mitarbeiter stützt, die seine Mühen und seine Verantwortung teilen. Beide lehren und zeigen uns, bereitwillig und hochherzig dem Evangelium und somit der Kirche selbst zu dienen.

Generalaudienz, 13. Dezember 2006

27. Januar

Das Gebet für die Einheit der Christen darf sich freilich nicht auf eine Woche im Jahr beschränken. Die vielstimmige Anrufung des Herrn, daß er es sein möge, der zu Zeiten und auf Wegen, die nur er kennt, die volle Einheit aller seiner Jünger verwirklicht, muß sich auf jeden Tag des Jahres erstrecken. Darüber hinaus sind die Harmonie der Absichten in der Diakonie zur Linderung der Leiden des Menschen, die Suche nach der Wahrheit der Botschaft Christi, die Bekehrung und die Buße verpflichtende Etappen, durch die jeder Christ, der dieses Namens würdig ist, sich dem Bruder anschließen muß, um die Gabe der Einheit und der Gemeinschaft zu erflehen. Ich rufe euch also dazu auf, diese Tage in einer Atmosphäre des betenden Hörens auf den Geist Gottes zu verbringen, damit bedeutsame Schritte auf dem Weg zur vollen und vollkommenen Gemeinschaft unter allen Jüngern Christi vollbracht werden. Dies erwirke für uns die Jungfrau Maria, die wir als Mutter der Kirche und Stütze aller Christen, Stütze unseres Weges zu Christus, anrufen.

Generalaudienz, 17. Januar 2007

Es ist das geschichtliche Verdienst des hl. Thomas von Aquin, daß er gegenüber der von ihrem geschichtlichen Kontext anders gearteten Antwort der Väter die Eigenständigkeit der Philosophie und mit ihr das Eigenrecht und die Eigenverantwortung der von ihren Kräften her fragenden Vernunft herausgestellt hat. Die Väter hatten gegenüber den neuplatonischen Philosophien, in denen Religion und Philosophie untrennbar verflochten waren, den christlichen Glauben als die wahre Philosophie dargestellt und dabei auch betont, daß dieser Glaube den Ansprüchen der nach Wahrheit suchenden Vernunft entspricht; daß er das Ja zur Wahrheit gegenüber den zu bloßer Gewohnheit gewordenen mythischen Religionen war. Aber nun, im Zeitpunkt der Entstehung der Universität, gab es im Abendland diese Religionen nicht mehr, sondern nur noch das Christentum, und so mußte nun auf neue Weise die Eigenverantwortung der Vernunft herausgestellt werden, die nicht vom Glauben absorbiert wird. Thomas wirkte in einem privilegierten Zeitpunkt: Die philosophischen Schriften des Aristoteles waren erstmals in ihrer Ganzheit zugänglich geworden; die jüdischen und arabischen Philosophien als je eigene Anverwandlungen und Weiterführungen der griechischen Philosophie standen im Raum. Das Christentum mußte so in einem neuen Dialog mit der ihr begegnenden Vernunft der anderen um seine eigene Vernünftigkeit ringen. Die philosophische Fakultät, die als sogenannte Artisten-Fakultät bisher nur eine Vorschule für die Theologie gewesen war, wurde zur eigentlichen Fakultät, zum eigenständigen Partner der Theologie und des von ihr reflektierten Glaubens.

Text der Vorlesung vom 17. Januar 2008

29. Januar

Diese Aussicht ist wirklich faszinierend: Wir sind berufen, als Brüder und Schwestern Jesu zu leben, uns als Söhne und Töchter desselben Vaters zu fühlen. Das ist ein Geschenk, das alle ausschließlich menschlichen Vorstellungen und Pläne auf den Kopf stellt. Das Bekenntnis des wahren Glaubens öffnet den Geist und das Herz weit für das unerschöpfliche Geheimnis Gottes, das das menschliche Dasein durchdringt. Was soll man also sagen über die Versuchung, die in unseren Tagen sehr stark ist, selbstgenügsam zu sein bis zu dem Punkt, an dem wir uns sogar verschließen gegenüber dem geheimnisvollen Plan, den Gott für uns hat? Die Liebe des Vaters, die sich in der Person Christi offenbart, hinterfragt uns.

Botschaft, 5. März 2006

30. Januar

Darin besteht unsere große Würde: nicht nur Ebenbild, sondern Kinder Gottes zu sein. Und das ist eine Einladung, unsere Kindschaft zu leben, uns immer mehr bewußt zu sein, daß wir Kinder in der großen Familie Gottes sind. Es ist eine Einladung, dieses objektive Geschenk in eine subjektive Wirklichkeit zu verwandeln, die für unser Denken, unser Handeln und unser Sein maßgebend ist. Gott betrachtet uns als seine Kinder, denn er hat uns zu einer Würde erhoben, die der Würde Jesu, des einzigen wahren Sohnes im vollen Sinn, ähnlich, wenn auch nicht gleich ist. In ihm wird uns die Kindschaft und die vertrauensvolle Freiheit in Beziehung zum Vater geschenkt oder auch zurückgegeben.

Generalaudienz, 15. November 2006

31. Januar

Johannes Bosco, Priester, Ordensgründer

Die Familie und die Kirche, konkret die Pfarreien und die anderen Formen kirchlicher Gemeinschaft, sind zur engsten Mitarbeit an jener grundlegenden Aufgabe aufgerufen, die in der Bildung der Person und, untrennbar davon, in der Weitergabe des Glaubens besteht. Wir wissen sehr wohl, daß für eine glaubwürdige Erziehungsarbeit die Vermittlung einer richtigen Theorie oder einer Lehre nicht genügt. Es braucht etwas viel Größeres und Menschlicheres, nämlich jene täglich gelebte Nähe, die der Liebe eigen ist und ihren Platz zuallererst in der familiären Gemeinschaft findet, aber dann auch in einer Pfarrei oder kirchlichen Bewegung oder Vereinigung, wo sich Menschen treffen, die sich um die Brüder und Schwestern, besonders um Kinder und Jugendliche, aber auch um Erwachsene, Alte, Kranke und eben auch um Familien kümmern, weil sie ihnen in Christus zugetan sind. Der große Schutzpatron der Erzieher, der hl. Johannes Bosco, erinnerte seine geistlichen Söhne daran, daß „die Erziehung Sache des Herzens ist und Gott allein ihr Herr ist" (Epistolario, 4, 209).

SCHREIBEN, 6. JUNI 2005

FEBRUAR

1. FEBRUAR

Deshalb ist der Dienst am Glauben, der Zeugnis gibt für Ihn, der die ganze Wahrheit ist, auch Dienst an der Freude, und Christus will diese Freude in der Welt verbreiten: die Freude des Glaubens an ihn, die Freude der Wahrheit, die durch ihn mitgeteilt wird, und des Heils, das von ihm kommt! Diese Freude spürt das Herz, wenn wir uns niederknien, um Jesus im Glauben anzubeten!

ANSPRACHE, 10. FEBRUAR 2006

2. FEBRUAR

DARSTELLUNG DES HERRN (LICHTMESS)

Das heutige Fest der Darstellung Jesu im Tempel, vierzig Tage nach seiner Geburt, stellt uns einen besonderen Augenblick aus dem Leben der Heiligen Familie vor Augen: Wie es dem Gesetz des Mose entspricht, wird der kleine Jesus von Maria und Joseph in den Tempel von Jerusalem gebracht, um dem Herrn geweiht zu werden (vgl. Lk 2,22). Von Gott inspiriert, erkennen Simeon und Hanna in jenem Kind den sehnlich erwarteten Messias und machen über ihn eine Weissagung. Wir wohnen hier einem schlichten und zugleich feierlichen Geheimnis bei, in dem die Heilige Kirche Christus, den Gesalbten des Vaters, den Erstgeborenen der neuen Menschheit, feiert.

PREDIGT, 2. FEBRUAR 2006

3. Februar

Christus hat den letzten Platz in der Welt – das Kreuz – eingenommen, und gerade mit dieser radikalen Demut hat er uns erlöst und hilft uns fortwährend. Wer in der Lage ist zu helfen, erkennt, daß gerade so auch ihm selber geholfen wird und daß es nicht sein Verdienst und seine Größe ist, helfen zu können. Dieser Auftrag ist Gnade. Je mehr einer für die anderen wirkt, desto mehr wird er das Wort Christi verstehen und sich zueignen: „Unnütze Knechte sind wir" (Lk 17,10). Denn er erkennt, daß er nicht aufgrund eigener Größe oder Leistung handelt, sondern weil der Herr es ihm gibt.

DEUS CARITAS EST 35

4. Februar (frühester Aschermittwoch)

[...] daß Gott uns liebt: Das ist die Quelle der wahren Freude. Auch wenn man alles hat, was man sich wünscht, ist man manchmal unglücklich; hingegen könnte einer gar nichts besitzen, nicht einmal die Freiheit oder Gesundheit, und dennoch mit sich selbst in Frieden leben und sich freuen, wenn er Gott im Herzen hat. Hier liegt also das Geheimnis: Gott muß immer den ersten Platz in unserem Leben einnehmen. Und das wahre Antlitz Gottes hat uns Jesus offenbart.

GRUSSWORTE, 18. MÄRZ 2007

5. Februar

Jesus versichert uns, daß nur Gott „der Gute" ist. Offen zu sein gegenüber dem Guten bedeutet, Gott anzunehmen. So lädt er uns ein, Gott in allen Dingen und in allen Ereignissen zu sehen, auch dort, wo die Mehrheit nur die Abwesenheit Gottes sieht. Wenn man die Schönheit der Geschöpfe sieht und das Gute, das in ihnen allen vorhanden ist, dann ist es unmöglich, nicht an Gott zu glauben und seine heilbringende und tröstende Gegenwart nicht zu erfahren. Wenn wir all das Gute sehen könnten, das es in der Welt gibt, und darüber hinaus das Gute erfahren könnten, das von Gott selbst kommt, dann würden wir niemals aufhören, uns ihm zu nähern, ihn zu loben und ihm zu danken. Er erfüllt uns ohne Unterlaß mit Freude und mit Gutem. Seine Freude ist unsere Kraft.

Ansprache, 10. Mai 2007

6. Februar

Alle Menschen gehören ein und derselben Familie an. Die übertriebene Verherrlichung der eigenen Verschiedenheit steht im Widerspruch zu dieser Grundwahrheit. Man muß das Bewußtsein, durch ein und dasselbe, letztlich transzendente Schicksal vereint zu sein, wiedererlangen, um die eigenen historischen und kulturellen Verschiedenheiten am besten zur Geltung bringen zu können, indem man sich den Angehörigen der anderen Kulturen nicht entgegenstellt, sondern sich mit ihnen abstimmt. Diese einfachen Wahrheiten sind es, die den Frieden ermöglichen; sie werden leicht verständlich, wenn man mit lauteren Absichten auf das eigene Herz hört.

Botschaft, 1. Januar 2006

7. Februar

Führen das Streben nach Erfolg, die Sehnsucht nach Prestige und die Suche nach Bequemlichkeit, wenn sie das Leben völlig in Anspruch nehmen, bis hin zum Ausschließen Gottes aus dem eigenen Horizont, wirklich zum Glück? Kann es echtes Glück geben, wenn man von Gott absieht? Die Erfahrung zeigt, daß man nicht deshalb glücklich ist, weil die Erwartungen und die materiellen Bedürfnisse befriedigt werden. In Wirklichkeit ist die einzige Freude, die das menschliche Herz erfüllt, jene Freude, die von Gott kommt: Wir bedürfen nämlich der grenzenlosen Freude.

Weder die Alltagssorgen noch die Schwierigkeiten vermögen jene Freude auszulöschen, die aus der Freundschaft mit Gott entsteht.

GENERALAUDIENZ, 6. FEBRUAR 2008

8. FEBRUAR

In meiner Ansprache an die deutschen Bischöfe erinnerte ich daran, daß die Anbetung nicht etwa „ein Luxus, sondern eine Priorität" ist. Christus suchen muß die beständige Sehnsucht der Christen sein, der Jugendlichen und der Erwachsenen, der Gläubigen und ihrer Hirten. Zu dieser Suche muß ermutigt, sie muß unterstützt und geleitet werden. Der Glaube besteht nicht einfach in der Übernahme eines in sich vollständigen Dogmengefüges, das den in jeder Menschenseele vorhandenen Durst nach Gott auslöschen würde. Im Gegenteil: Er führt den durch die Zeit pilgernden Menschen zu einem Gott, der in seiner Unendlichkeit immer neu ist. Daher ist der Christ zugleich Suchender und Findender, und gerade dies macht die Kirche jung, offen für die Zukunft und reich an Hoffnung für die ganze Menschheit.

ANGELUS, 28. AUGUST 2005

9. FEBRUAR

Um die Welt zu verwandeln, hat Gott ein demütiges Mädchen aus einem Dorf in Galiläa, Maria von Nazareth, erwählt und sich mit folgendem Gruß an sie gewandt: „Freu dich, du Begnadete, der Herr ist mit dir". In diesen Worten liegt das Geheimnis der wahren Weihnacht. Gott wiederholt sie der Kirche und jedem von uns: Freut euch, der Herr ist nahe! Mit der Hilfe Marias wollen wir uns selbst darbringen, mit Demut und Entschlossenheit, damit die Welt Christus aufnehme, der die Quelle der wahren Freude ist.

ANGELUS, 17. DEZEMBER 2006

10. Februar

Der Atheismus des 19. und des 20. Jahrhunderts ist von seinen Wurzeln und seinem Ziel her ein Moralismus: ein Protest gegen die Ungerechtigkeiten der Welt und der Weltgeschichte. Eine Welt, in der ein solches Ausmaß an Ungerechtigkeit, an Leid der Unschuldigen und an Zynismus der Macht besteht, kann nicht Werk eines guten Gottes sein. Der Gott, der diese Welt zu verantworten hätte, wäre kein gerechter und schon gar nicht ein guter Gott. Um der Moral willen muß man diesen Gott bestreiten. So schien es, da kein Gott ist, der Gerechtigkeit schafft, daß nun der Mensch selbst gerufen ist, die Gerechtigkeit herzustellen. Wenn der Protest gegen Gott angesichts der Leiden dieser Welt verständlich ist, so ist der Anspruch, die Menschheit könne und müsse nun das tun, was kein Gott tut und tun kann, anmaßend und von innen her unwahr. Daß daraus erst die größten Grausamkeiten und Zerstörungen des Rechts folgten, ist kein Zufall, sondern in der inneren Unwahrheit dieses Anspruchs begründet.

Spe salvi 42

11. Februar

Gedenktag Unserer Lieben Frau in Lourdes

Der 11. Februar, der liturgische Gedenktag Unserer Lieben Frau in Lourdes, wird auch als Welttag der Kranken begangen. Wir alle wissen, daß die selige Jungfrau bei der Grotte von Massabielle Gottes zärtliche Liebe zu den Leidenden offenbart hat. [...] Als die allerseligste Jungfrau Maria sich Bernadette als die Unbefleckte Empfängnis offenbarte, da kam sie, um die moderne Welt daran zu erinnern, daß die göttliche Gnade, die stärker ist als Sünde und Tod, den höchsten Stellenwert besitzt, eine Tatsache, die die Welt damals zu vergessen drohte. Und so wurde der Ort ihrer Erscheinung, die Grotte von Massabielle in Lourdes, zu einem Anziehungspunkt für das ganze Gottesvolk und besonders für all jene, die sich belastet fühlen und Leid tragen in Körper und Geist. „Kommt alle zu mir, die ihr euch plagt und schwere Lasten zu tragen habt. Ich werde euch Ruhe verschaffen", hat Jesus gesagt (Mt 11,28). In Lourdes wiederholt er durch die mütterliche Mittlerschaft Mariens immer wieder diese Einladung, die allen gilt, die sich mit Vertrauen dorthin begeben.

ANSPRACHE, 11. FEBRUAR 2006

12. FEBRUAR

Ich habe ein wachsendes Interesse der Regierungen bemerkt, Programme zur Förderung des interreligiösen und interkulturellen Dialogs zu unterstützen. Das sind lobenswerte Initiativen. Gleichzeitig ist das Ziel der Religionsfreiheit, des interreligiösen Dialogs und der konfessionsgebundenen Erziehung mehr als nur ein Konsens über die Umsetzung praktischer Strategien, um den Frieden voranzubringen. Der eigentliche Zweck des Dialogs ist die Entdeckung der Wahrheit. Was ist der Ursprung und die Bestimmung der Menschheit? Was ist Gut und Böse? Was erwartet uns am Ende unseres irdischen Lebens? Nur wenn wir diese tieferen Fragen angehen, können wir eine solide Grundlage für den Frieden und die Sicherheit der Menschheitsfamilie schaffen, denn es ist so, „daß der Mensch, wo und wann immer er sich vom Glanz der Wahrheit erleuchten läßt, fast selbstverständlich den Weg des Friedens einschlägt" (Botschaft zur Feier des Weltfriedenstages 2006, 3).

ANSPRACHE, 17. APRIL 2008

13. FEBRUAR

Unser Protest will Gott nicht herausfordern, noch ihm Irrtum, Schwäche oder Gleichgültigkeit unterstellen. Dem Glaubenden ist es unmöglich zu denken, Gott sei machtlos, oder aber er „schlafe" (vgl. 1 Kön 18,27). Vielmehr trifft zu, daß sogar unser Schreien, wie das Jesu am Kreuz, die äußerste und tiefste Bestätigung unseres Glaubens an seine

Souveränität ist. Christen glauben nämlich trotz aller Unbegreiflichkeiten und Wirrnisse ihrer Umwelt weiterhin an die „Güte und Menschenliebe Gottes“ (Tit 3,4). Obwohl sie wie alle anderen Menschen eingetaucht sind in die dramatische Komplexität der Ereignisse der Geschichte, bleiben sie gefestigt in der Hoffnung, daß Gott ein Vater ist und uns liebt, auch wenn uns sein Schweigen unverständlich bleibt.

DEUS CARITAS EST 38

14. FEBRUAR

CYRILL, MÖNCH, UND METHODIUS, BISCHOF
SCHUTZPATRONE EUROPAS

Das Maß der Humanität bestimmt sich ganz wesentlich im Verhältnis zum Leid und zum Leidenden. Das gilt für den einzelnen wie für die Gesellschaft. Eine Gesellschaft, die die Leidenden nicht annehmen und nicht im Mit-leiden helfen kann, Leid auch von innen zu teilen und zu tragen, ist eine grausame und inhumane Gesellschaft. Aber die Gesellschaft kann die Leidenden nicht annehmen und sie nicht in ihrem Leiden tragen, wenn die einzelnen dies nicht können, und wiederum der einzelne kann das Leid des anderen nicht annehmen, wenn er nicht selbst im Leiden Sinn, einen Weg der Reinigung und der Reifung, einen Weg der Hoffnung zu finden vermag. Denn Annehmen des anderen, der leidet, bedeutet, daß ich mir sein Leid selbst zueigne, daß es auch mein Leiden wird. Eben dadurch aber, daß es nun geteiltes Leid geworden ist, daß ein anderer in ihm da ist, dringt das Licht der Liebe in dieses Leiden ein. Das lateinische Wort „con-solatio“, Tröstung, drückt dies sehr schön aus, indem es die Vorstellung eines Mitseins in der Einsamkeit weckt, die dann keine Einsamkeit mehr ist.

SPE SALVI 38

15. FEBRUAR

Ja, wir müssen alles tun, um Leid zu überwinden, aber ganz aus der Welt schaffen können wir es nicht – einfach deshalb nicht, weil wir unsere Endlichkeit nicht abschütteln können und weil niemand von uns imstande ist, die Macht des Bösen, der Schuld, aus der Welt zu schaffen, die immerfort – wir sehen es – Quell von Leiden ist. Das könnte nur Gott: Nur ein Gott, der selbst in die Geschichte eintritt, Mensch wird und in ihr leidet. Wir wissen, daß es diesen Gott gibt und daß daher die Macht in der Welt da ist, die die „Schuld der Welt hinwegnimmt" (Joh 1,29). Mit dem Glauben, daß diese Macht besteht, ist die Hoffnung auf die Heilung der Welt in der Geschichte hervorgetreten. Aber es ist eben Hoffnung und noch nicht Vollendung; Hoffnung, die uns den Mut gibt, uns auf die Seite des Guten zu stellen, auch wo es aussichtslos scheint, im Wissen, daß im äußeren Gang der Geschichte die Macht der Schuld weiterhin furchtbare Gegenwart bleibt.

SPE SALVI 36

16. FEBRUAR

Auch das Leiden gehört zur Wahrheit unseres Lebens. Wenn wir daher versuchen, die Kinder von jeder Schwierigkeit und Erfahrung des Schmerzes abzuschirmen, dann laufen wir Gefahr, trotz unserer guten Absichten schwache und wenig großherzige Menschen heranwachsen zu lassen, denn die Fähigkeit zu lieben entspricht der Fähigkeit zu leiden – und gemeinsam zu leiden.

SCHREIBEN, 21. JANUAR 2008

17. FEBRUAR

Die Geschichte der Kirche ist im Bezug auf das Gebet und auf das Leiden reich an Zeugen, die sich für die anderen vorbehaltlos und unter harten Prüfungen hingegeben haben. Je größer die Hoffnung, die uns beseelt, um so größer ist in uns auch die Fähigkeit, aus Liebe zur Wahrheit und zum Guten zu leiden, indem die kleinen und großen täglichen Mühen mit Freude dargebracht und in das große Mit-leiden Christi hineingelegt werden (vgl. Spe salvi 40).

Predigt, 6. Februar 2008

18. Februar

Mit Jesu Blick ist noch eine andere Form des Sehens verbunden. „Er sah ihn und ging weiter", so heißt es im Evangelium vom Priester und Leviten, die am Wegrand den Halbtoten liegen sehen, aber nicht eingreifen (Lk 10,31.32). Menschen sehen und übersehen, haben Not vor Augen und bleiben doch ungerührt, das gehört zu den Kälteströmen der Gegenwart. Im Blick der anderen, gerade jenes anderen, der unserer Hilfe bedürftig ist, erfahren wir den konkreten Anspruch der christlichen Liebe. Jesus Christus lehrt uns nicht eine Mystik der geschlossenen Augen, sondern eine Mystik des offenen Blicks und damit der unbedingten Wahrnehmungspflicht für die Lage der anderen, für die Situation, in der sich der Mensch befindet, der gemäß dem Evangelium unserer Nächster ist.

Ansprache, 9. September 2007

19. Februar

Alle in der christlichen Hoffnung unternommenen Anstrengungen, um uns selbst und die uns anvertraute Welt zu verbessern, finden in jenem feierlichen und heiligen Augenblick, von der Gnade geläutert, ihren Sinn und gewinnen an Wert dank der Liebe Gottes, des Schöpfers und Vaters. Wenn sich im Augenblick des Todes die Beziehung mit Gott in der Begegnung mit demjenigen voll verwirklicht, „der nicht stirbt, der das Leben selber ist und die Liebe selber, dann sind wir im Leben. Dann leben wir" (Spe salvi 27). Für die Gemeinschaft der Gläubigen ist diese Begegnung des Sterbenden mit dem Herrn des Lebens und der Liebe ein Geschenk, das für alle wertvoll ist, das die Gemeinschaft aller Gläubigen bereichert. Als solches muß es die gemeinsame Aufmerksamkeit und Anteilnahme nicht nur der engsten Familienmitglieder, sondern im Rahmen des Möglichen der ganzen Gemeinde finden, die mit dem Sterbenden verbunden war. Kein Glaubender dürfte einsam und verlassen sterben.

ANSPRACHE, 25. FEBRUAR 2008

20. FEBRUAR

Wann immer ein Leben in vorgerücktem Alter oder aber am Beginn seiner irdischen Existenz oder aus unvorhergesehenen Gründen in der vollen Blüte der Jahre verlischt, darf man darin nicht lediglich eine versiegende biologische Erscheinung oder eine abgeschlossene Biographie sehen, sondern eine Neugeburt und ein erneuertes Dasein, das vom Auferstandenen demjenigen geschenkt wird, der sich seiner Liebe nicht absichtlich widersetzt hat. Mit dem Tod endet die irdische Erfahrung, aber durch den Tod eröffnet sich auch für jeden von uns jenseits der Zeit das volle und endgültige Leben.

ANSPRACHE, 25. FEBRUAR 2008

21. FEBRUAR

Gott hat sich sichtbar gemacht: In Jesus können wir den Vater anschauen (vgl. Joh 14,9). In der Tat gibt es eine vielfältige Sichtbarkeit Gottes. In der Geschichte der Liebe, die uns die Bibel erzählt, geht er uns entgegen, wirbt um uns – bis hin zum Letzten Abendmahl, bis hin zu dem am Kreuz durchbohrten Herzen, bis hin zu den Erscheinungen des Auferstandenen und seinen Großtaten, mit denen er durch das Wirken der Apostel die entstehende Kirche auf ihrem Weg geführt hat. Und in der weiteren Geschichte der Kirche ist der Herr nicht abwesend geblieben: Immer neu geht er auf uns zu – durch Menschen, in denen er durchscheint; durch sein Wort, in den Sakramenten, besonders in der

Eucharistie. In der Liturgie der Kirche, in ihrem Beten, in der lebendigen Gemeinschaft der Gläubigen erfahren wir die Liebe Gottes, nehmen wir ihn wahr und lernen so auch, seine Gegenwart in unserem Alltag zu erkennen.

DEUS CARITAS EST 17

22. FEBRUAR

KATHEDRA PETRI

Das Evangelium berichtet uns, daß Simon bei seiner Berufung einen neuen Namen erhält. Jesus blickt „den Sohn des Johannes" an und sagt ihm: „Du sollst Kephas heißen." Der Evangelist fügt erläuternd hinzu: „Kephas bedeutet Fels – Petrus" (Joh 1,42). Diese Namensgebung zu Beginn der Mission des „Menschenfischers" unterstreicht die ihm vom Herrn selbst zugedachte hervorgehobene Rolle unter den Jüngern. Immer wieder ist es Petrus, der im Namen der anderen Apostel spricht. Auf sein Bekenntnis zu Jesus „Du bist der Sohn des lebendigen Gottes!" erhält er den Auftrag und die Vollmacht des Herrn: „Du bist Petrus, und auf diesen Felsen werde ich meine Kirche bauen" (vgl. Mt 16,15–18). Die anschaulichen Worte des Evangeliums von den „Schlüsseln des Himmelreichs" und vom Mandat Petri zu „binden" und zu „lösen" begründen später den mit dem Petrusamt verbundenen Jurisdiktionsprimat. Wir sehen, [...], die Vorrangstellung Petri im Apostelkollegium setzt sich fort in der Gemeinschaft der Kirche. Einen ersten Hinweis darauf finden wir in den Berichten über das „Apostelkonzil in Jerusalem", bei dem Petrus eine Leitungsfunktion innehat (Apg 15; Gal 2,1–10).

GENERALAUDIENZ, 7. JUNI 2006

23. FEBRUAR

Der Glaube hat gewiß sein eigenes Wesen als Begegnung mit dem lebendigen Gott – eine Begegnung, die uns neue Horizonte weit über den eigenen Bereich der Vernunft hinaus öffnet. Aber er ist zugleich auch eine reinigende Kraft für die Vernunft selbst. Er befreit sie von der Perspektive Gottes her von ihren Verblendungen und hilft ihr deshalb, besser sie selbst zu sein. Er ermöglicht der Vernunft, ihr eigenes Werk besser zu tun und das ihr Eigene besser zu sehen. Genau hier ist der Ort der Katholischen Soziallehre anzusetzen: Sie will nicht der Kirche Macht über den Staat verschaffen; sie will auch nicht Einsichten und Verhaltensweisen, die dem Glauben zugehören, denen aufdrängen, die diesen Glauben nicht teilen. Sie will schlicht zur Reinigung der Vernunft beitragen und dazu helfen, daß das, was recht ist, jetzt und hier erkannt und dann auch durchgeführt werden kann.

DEUS CARITAS EST 28

24. FEBRUAR — MATTHIAS, APOSTEL

[Wir wenden uns heute] dem Matthias zu, der [...] den Platz des Judas im Apostelkreis eingenommen hat. Viele meinen, an der Seite des Gottessohns könne man nichts anderes als gut werden. Und doch wurde Judas zum Verräter (vgl. Lk 6,16). Jesus achtet die innere Freiheit des Jüngers, selbst wenn dieser sich schließlich in seinen Vorurteilen und im Eigenwillen verstrickt. Auch für jeden von uns besteht die Gefahr eines verstockten Herzens. Wir können dem vorbeugen, indem wir stets die innere Gemeinschaft mit dem Herrn suchen und in unserem Denken und Handeln an ihm Maß nehmen. Zudem haben wir die Gewißheit: Gott bezieht auch Menschen wie Judas in sein Heilswerk ein. Der Verräter liefert Jesus aus, und dieser gibt sich am Kreuz aus Liebe zu den Menschen hin. Und Matthias, auch er ein Zeuge des Wirkens Jesu, trägt diese frohe Botschaft der göttlichen Liebe hinaus in die Welt.

GENERALAUDIENZ, 18. OKTOBER 2006

25. Februar

Die Kirche ihrerseits wird nicht müde, in Treue zu der Aufgabe, die sie von ihrem Gründer empfangen hat, überall das „Evangelium des Friedens" zu verkünden. Da sie von dem festen Bewußtsein durchdrungen ist, denen, die sich der Förderung des Friedens widmen, einen unentbehrlichen Dienst zu leisten, ruft sie allen ins Gedächtnis, daß der Friede, um authentisch und anhaltend zu sein, auf dem Fels der Wahrheit Gottes und der Wahrheit des Menschen aufgebaut sein muß. Allein diese Wahrheit kann die Herzen empfindsam für die Gerechtigkeit machen, sie der Liebe und der Solidarität öffnen und alle ermutigen, für eine wirklich freie und solidarische Menschheit zu arbeiten. Ja, allein auf der Wahrheit Gottes und des Menschen ruhen die Fundamente eines echten Friedens.

Botschaft, 8. Dezember 2005

26. Februar

Darin besteht unsere große Würde: nicht nur Ebenbild, sondern Kinder Gottes zu sein. Und das ist eine Einladung, unsere Kindschaft zu leben, uns immer mehr bewußt zu sein, daß wir Kinder in der großen Familie Gottes sind. Es ist eine Einladung, dieses objektive Geschenk in eine subjektive Wirklichkeit zu verwandeln, die für unser Denken, unser Handeln und unser Sein maßgebend ist. Gott betrachtet uns als seine Kinder, denn er hat uns zu einer Würde erhoben, die der Würde Jesu, des einzigen wahren Sohnes im vollen Sinn, ähnlich, wenn auch nicht gleich ist. In ihm wird uns die Kindschaft und die vertrauensvolle Freiheit in Beziehung zum Vater geschenkt oder auch zurückgegeben.

Generalaudienz, 15. November 2006

27. Februar

Was das Recht auf Leben betrifft, so ist es geboten, die Marter anzuprangern, die ihm in unserer Gesellschaft zugefügt wird: Neben den Opfern der bewaffneten Konflikte, des Terrorismus und der verschiedenen Formen von Gewalt gibt es das lautlose Sterben durch Hunger, Abtreibung, Experimente an Embryonen und durch Euthanasie. Muß man nicht in alldem einen Angriff auf den Frieden sehen? Abtreibung und Experimente an Embryonen sind das direkte Gegenteil einer Grundhaltung der Annahme des Anderen, die zur Herstellung dauerhafter Friedensbeziehungen unentbehrlich ist.

Botschaft, 8. Dezember 2006

28. Februar

[Den Drachen aus dem Buch der Apokalypse (Offb 12,4) gibt es heute] auf neue, auf andere Weise. Es gibt ihn in der Form der materialistischen Ideologien, die uns sagen: Es ist absurd, an Gott zu denken; es ist absurd, die Gebote Gottes zu beachten; das gehört der Vergangenheit an. Was zählt, ist nur, das Leben für sich zu leben, in diesem kurzen Augenblick des Lebens alles zu nehmen, was wir kriegen können. Was zählt, ist nur der Konsum, der Egoismus, das Vergnügen. Das ist das Leben. So müssen wir leben. Und wieder erscheint es absurd, unmöglich, sich dieser vorherrschenden Mentalität mit all ihrer propagandistischen Kraft der Medien zu widersetzen. Es scheint heute unmöglich zu sein, noch an einen Gott zu denken, der den Menschen geschaffen hat und der ein Kind geworden ist und der der wahre Herrscher der Welt ist. Auch jetzt scheint dieser Drache unbesiegbar zu sein, aber auch jetzt bleibt es weiterhin wahr, daß Gott stärker ist als der Drache, daß die Liebe und nicht der Egoismus siegt.

Predigt, 15. August 2007

29. Februar

Zur menschlichen Existenz gehört das Leiden ebenso wie das Tun. Es folgt zum einen aus unserer Endlichkeit, zum anderen aus der Masse der Schuld, die sich in der Geschichte angehäuft hat und auch in der Gegenwart unaufhaltsam wächst. Natürlich muß man alles tun, um Leid zu mindern: das Leid der Unschuldigen zu verhindern, so gut es geht; Schmerzen zu lindern; in seelischem Leid zur Überwindung zu helfen. All dies sind Pflichten sowohl der Gerechtigkeit wie der Liebe, die zu den Grundforderungen christlicher Existenz und eines jeden wahrhaft menschlichen Lebens gehören.

SPE SALVI 36

Fastenzeit

In ihrer vierzigtägigen Dauer besitzt die Fastenzeit eine unverkennbare sinnfällige Kraft. Sie will nämlich an einige Ereignisse erinnern, die das Leben und die Geschichte des alten Israel geprägt haben, indem sie auch uns wieder auf deren paradigmatischen Wert hinweist: Denken wir zum Beispiel an die vierzig Tage der Sintflut, die in dem von Gott mit Noah und so mit der Menschheit besiegelten Bundesschluß endeten, und an den vierzigtägigen Aufenthalt des Mose auf dem Berg Sinai, worauf die Gabe der Gesetzestafeln folgte. Die Fastenzeit will uns vor allem dazu einladen, mit Jesus die vierzig Tage wieder zu erleben, die er betend und fastend in der Wüste verbrachte, bevor er sein öffentliches Wirken begann. Auch wir beginnen am [Aschermittwoch], zusammen mit allen Christen der Welt, einen Weg der Reflexion und des Gebets, um geistig zum Kalvarienberg aufzubrechen, während wir die zentralen Geheimnisse des Glaubens betrachten. Auf diese Weise werden wir uns darauf vorbereiten, nach dem Geheimnis des Kreuzes die Osterfreude der Auferstehung zu erfahren.

Generalaudienz, 1. März 2006

März

1. März

[Die christliche Tradition hat das Fasten als geistliche „Waffe" gegen das Böse betrachtet. So schreibt der] hl. Johannes Chrysostomus [...]: „Wenn der Winter zu Ende geht, kehrt die schöne Jahreszeit zurück, und der Seefahrer bringt das Schiff zu Wasser, der Soldat putzt die Waffen und richtet das Pferd zum Kampfe ab, der Bauer schärft die Sichel, der wieder erstarkte Wanderer rüstet sich zur langen Reise, und der Athlet legt die Kleider ab und bereitet sich auf die Wettkämpfe vor. So reinigen auch wir zu Beginn dieses Fastens – gleichsam wie bei der Rückkehr eines geistlichen Frühlings – die Waffen wie die Soldaten, so schärfen wir die Sichel wie die Bauern, und wie Seeleute machen wir das Schiff unseres Geistes bereit, um den Fluten der sinnlosen Leidenschaften gegenüberzutreten, wie Wanderer nehmen wir die Reise zum Himmel wieder auf, und wie Athleten bereiten wir uns zum Kampf, indem wir alles ablegen" (Predigten an das antiochenische Volk, 3).

Predigt, 21. Februar 2007

2. März

Es gibt Themen – im Bereich der Glaubenswahrheit und vor allem im Bereich der Sittenlehre –, die in Euren Diözesen in Katechese und Verkündigung nicht ausreichend präsent sind, die manchmal, zum Beispiel in der pfarrlichen oder verbandlichen Jugendpastoral, gar nicht oder nicht eindeutig im Sinn der Kirche zur Sprache kommen. Das ist Gott sei Dank nicht überall der Fall. Aber vielleicht fürchten die mit der Verkündigung Beauftragten hier und da, die Menschen könnten sich abwenden, wenn klar gesprochen wird. Dabei lehrt die Erfahrung beinah überall, daß genau das Gegenteil wahr ist. Macht Euch keine Illusionen. Eine katholische Glaubensunterweisung, die verstümmelt angeboten wird, ist ein Widerspruch in sich und kann auf die Dauer nicht fruchtbar sein.

ANSPRACHE, 5. NOVEMBER 2005

3. MÄRZ

Das Kreuz ist der zerbrochene Bogen, in gewisser Weise der neue, wahre Regenbogen Gottes, der den Himmel und die Erde miteinander verbindet und eine Brücke über die Abgründe und zwischen den Kontinenten schlägt. Die neue Waffe, die uns Jesus in die Hände gibt, ist das Kreuz – Zeichen der Versöhnung, der Vergebung, Zeichen der Liebe, die stärker ist als der Tod. Jedesmal, wenn wir uns bekreuzigen, müssen wir uns daran erinnern, der Ungerechtigkeit nicht andere Ungerechtigkeit, der Gewalt nicht andere Gewalt entgegenzusetzen; wir müssen uns daran erinnern, daß wir das Böse nur durch das Gute besiegen können und niemals durch Vergeltung des Bösen mit Bösem.

PREDIGT, 9. APRIL 2006

4. MÄRZ

Es steht heute wie damals, als den Herrn das Mitleid erschütterte über Menschen, die ihm wie Schafe ohne Hirten erschienen – Menschen, die gewiß alles Mögliche wußten, aber nicht sehen konnten, wie ihr Leben recht zu ordnen sei. Herr, schau die Not dieser unserer Stunde an, die Boten des Evangeliums braucht, Zeugen für dich, Wegweiser zum „Leben in Fülle“! Sieh die Welt und laß dich auch jetzt vom Mitleid erschüttern! Sieh die Welt an und schicke Arbeiter!

Mit dieser Bitte klopfen wir an der Tür Gottes an; aber mit dieser Bitte klopft dann der Herr auch an unser eigenes Herz. Herr, willst du mich? Ist es nicht zu groß für mich? Bin ich nicht zu klein dazu? Fürchte dich nicht, hat der Engel zu Maria gesagt. Fürchte dich nicht, ich habe dich bei deinem Namen gerufen, sagt er durch den Propheten Jesaja zu uns (43,1) – zu jedem einzelnen von uns.

PREDIGT, 11. SEPTEMBER 2006

5. MÄRZ

Der russische Schriftsteller Tolstoi erzählt in einer kleinen Geschichte von einem strengen Herrscher, der von seinen Priestern und Weisen verlangte, daß sie ihm Gott zeigten, so daß er ihn sehen könne. Die Weisen vermochten ihm diesen Wunsch nicht zu erfüllen. Aber da bot sich ein gerade vom Feld kommender Hirte an, die Aufgabe der Priester und Weisen zu übernehmen. Der König lernte, daß seine Augen nicht ausreichten, Gott zu sehen. Aber nun wollte er wenigstens wissen: was Gott denn tut. Damit ich dir darauf antworten kann – so sagte der Hirte zum Herrscher – müssen wir die Kleider tauschen. Zögernd, aber doch von der Neugier nach der erwarteten Auskunft getrieben, willigte der Herrscher ein, übergab dem Bauern seine königlichen Kleider und ließ sich selber in den einfachen Rock des armen Mannes kleiden. Und nun kam die Antwort: Das tut Gott. In der Tat – Gottes Sohn, wahrer Gott vom wahren Gott, hat seinen göttlichen Glanz verlassen: „Er entäußerte sich und wurde wie ein Sklave, den Menschen gleich. Sein Leben war das eines Menschen – bis zum Tod am Kreuz" (Phil 2,6 f.).

PREDIGT, 5. APRIL 2007

6. MÄRZ

„Das Wort ist Fleisch geworden und hat unter uns gewohnt" [...], verkündet der Evangelist Johannes [1,14]. Heute, ja heute, kommt Christus erneut „in sein Eigentum", und denen, die ihn aufnehmen, gibt er „Macht, Kinder Gottes zu werden"; er bietet also die Chance, die Herrlichkeit Gottes zu sehen und die Freude der Liebe zu teilen, die zu Bethlehem für uns Fleisch geworden ist. Heute, auch heute, „ist uns der Heiland geboren", denn er weiß, daß wir Ihn brauchen. Trotz aller Formen des Fortschritts ist der Mensch doch das geblieben, was er immer war: eine Freiheit, die zwischen Gut und Böse, zwischen Leben und Tod hin- und hergerissen ist. Und genau da, in seinem Inneren, in dem, was die Bibel das „Herz" nennt, muß er immer „erlöst" werden. Und in der heutigen postmodernen Zeit hat er vielleicht noch mehr einen Erlöser nötig, denn die Gesellschaft, in der er lebt, ist vielschichtiger und die Bedrohungen für seine persönliche und moralische Unversehrtheit sind heimtückischer geworden.

Urbi et orbi, 25. Dezember 2006

7. März

Sobald es der Vernunft gelingt, eine für unüberwindlich gehaltene Grenze zu überschreiten, fordern sie weitere, bisher unbekannte Grenzen heraus. Der Mensch wird immer ein tiefes und unergründliches Rätsel bleiben. Bereits im 4. Jahrhundert legte der hl. Cyrill von Jerusalem den Katechumenen, die sich auf den Empfang der Taufe vorbereiteten, die folgende Überlegung vor: „Wer hat die Gebärmutterhöhlung für die Zeugung der Kinder vorbereitet? Wer hat in ihr den unbelebten Fötus belebt? Wer hat uns mit Nerven und Knochen ausgestattet und uns dann mit Haut und Fleisch umkleidet (vgl. Hiob 10,11) und läßt, sobald das Kind geboren ist, aus der Mutterbrust reichlich Milch fließen? Auf welche Weise wird das Kleinkind, indem es wächst, zum Heranwachsenden, wandelt sich vom Heranwachsenden zum Jugendlichen, danach zum Erwachsenen und schließlich zum alten Menschen, ohne daß es jemandem gelänge, den genauen Tag, an dem sich die

Wandlung vollzieht, zu erfassen?" Und er schließt mit dem Satz: „O Mensch, du siehst jetzt den Urheber; du siehst den weisen Schöpfer" (Taufkatechese, 9,15–16). Diese Überlegungen, die nicht so sehr das physische oder physiologische Phänomen, als vielmehr dessen anthropologische und metaphysische Bedeutung im Auge haben, bleiben auch am Beginn des dritten Jahrtausends noch immer gültig.

ANSPRACHE, 27. FEBRUAR 2006

8. MÄRZ

Die Fastenzeit spornt uns dazu an, unser Leben vom Wort Gottes durchdringen zu lassen und so die grundlegende Wahrheit kennenzulernen, nämlich: wer wir sind, woher wir kommen, wohin wir gehen müssen, welches der Weg ist, den wir im Leben einschlagen sollen. Damit bietet uns die Fastenzeit einen asketischen und liturgischen Weg an, der uns, während er uns hilft, die Augen für unsere Schwachheit zu öffnen, das Herz für die barmherzige Liebe Christi öffnen läßt. Indem uns der Weg durch die Fastenzeit Gott näher bringt, ermöglicht er uns, den Nächsten und seine Nöte mit neuen Augen zu betrachten. Wer beginnt, Gott zu sehen, das Antlitz Christi zu betrachten, sieht auch den Bruder mit anderen Augen, entdeckt den Bruder, er entdeckt, was zu seinem Besten und was nicht gut für ihn ist, seine Bedürfnisse und Nöte. Deshalb ist die Fastenzeit als Hören auf die Wahrheit ein günstiger Moment, um sich zur Liebe zu bekehren, denn die tiefe Wahrheit, die Wahrheit Gottes, ist zugleich Liebe.

GENERALAUDIENZ, 1. MÄRZ 2006

9. MÄRZ

Die Anerkennung von Elementen der Wahrheit und des Guten in den Weltreligionen und der Ernsthaftigkeit ihrer religiösen Bemühungen, ebenso das Gespräch und der Geist der Zusammenarbeit mit ihnen zur Verteidigung und Förderung der Würde des Menschen und der allgemeingültigen sittlichen Werte dürfen nicht als eine Beschränkung der missionarischen Aufgabe der Kirche verstanden werden, die sie dazu verpflichtet, unablässig Christus als den Weg, die Wahrheit und das Leben zu verkünden (vgl. Joh 14,6).

Ansprache, 31. Januar 2008

10. März (spätester Aschermittwoch)

Die österliche Bußzeit prägen nach der Tradition der Kirche vor allem drei Frömmigkeitsformen: das Beten, das Fasten, und die Werke der Nächstenliebe. Im Hören auf Gottes Wort, das wir in der heiligen Liturgie und im persönlichen Gebet aufnehmen und vertiefen, wächst unser Glaube an das Evangelium, an Jesus Christus, der uns das Erbarmen des Vaters geoffenbart hat. Die Übungen des Fastens und der Buße sowie die geistliche Wachsamkeit fördern die stets notwendige Reinigung unseres Herzens. Durch das Almosengeben und andere Formen tätiger Liebe legen wir Zeugnis ab von der übergroßen Liebe Christi, der sich für uns und unsere Brüder und Schwestern hingegeben hat.

Generalaudienz, 1. März 2006

11. März

Der Weg der Fastenzeit, der in der alten Kirche ein Weg hin zur christlichen Initiation, hin zur Taufe und zur Eucharistie war, möge für uns Getaufte eine „eucharistische“ Zeit sein, in der wir eifriger am Opfer der Eucharistie teilnehmen. Die Jungfrau Maria erfuhr, nachdem sie das schmerzhafte Leiden ihres göttlichen Sohnes mit ihm geteilt hatte, die Freude seiner Auferstehung. Möge sie uns in dieser Fastenzeit begleiten hin zum Ostergeheimnis, der höchsten Offenbarung der Liebe Gottes.

Generalaudienz, 21. Februar 2007

12. März

Das Fasten, zu dem uns die Kirche in dieser intensiven Zeit einlädt, geschieht natürlich nicht aus Beweggründen körperlicher oder ästhetischer Natur, sondern es entspringt einem dem Menschen eigenen Bedürfnis nach innerer Läuterung, die ihn von der vergiftenden Verschmutzung durch die Sünde und das Böse befreit; die ihn erzieht zu jenem gesunden Verzicht, der den Gläubigen frei macht von der Sklaverei des eigenen Ich; die ihn aufmerksamer und verfügbarer macht für das Hören auf Gott und den Dienst an den Brüdern. Aus diesem Grund werden das Fasten und die anderen Praktiken der Fastenzeit von der christlichen Tradition als geistliche „Waffen" zum Kampf gegen das Böse, gegen die schlechten Leidenschaften und die Laster betrachtet.

PREDIGT, 21. FEBRUAR 2007

13. März

Die Fastenzeit erinnert uns also daran, daß das Leben des Christen ein ununterbrochener Kampf ist, in dem die „Waffen" des Gebets, des Fastens und der Buße eingesetzt werden. Das Böse, jede Form von Egoismus und Haß bekämpfen und sich selbst entsagen, um in Gott zu leben, das ist der aszetische Weg, den jeder Jünger Jesu zu gehen berufen ist – mit Demut und Geduld, mit Großmut und Beharrlichkeit. Die gehorsame Nachfolge des göttlichen Meisters macht die Christen zu Zeugen und Aposteln des Friedens. Wir könnten sagen, daß diese innere Haltung uns hilft, auch besser deutlich zu machen, was die christliche Antwort auf die Gewalt sein muß, die den Frieden in der Welt bedroht. Sicher nicht Rache, Haß, ebensowenig Flucht in einen falschen Spiritualismus. Die Antwort dessen, der Christus nachfolgt, ist vielmehr, den Weg zu gehen, den er gewählt hat, als er angesichts der Übel seiner Zeit und aller Zeiten entschlossen das Kreuz auf sich nahm und den längsten, aber wirksamsten Weg der Liebe ging.

PREDIGT, 1. MÄRZ 2006

14. MÄRZ

Wir sind schon getauft, aber die Taufe ist in unserem Alltagsleben oft nicht sehr wirksam. Darum ist auch für uns die Fastenzeit ein neues „Katechumenat“, in dem wir erneut unserer Taufe entgegengehen, um sie wieder neu zu entdecken und zutiefst wieder zu erleben, um wieder wirklich Christen zu werden. Die Fastenzeit ist also eine Gelegenheit, um wieder neu Christen „zu werden“, durch einen ständigen Prozeß des inneren Wandels und des Fortschreitens in der Erkenntnis und in der Liebe Christi. Die Umkehr geschieht nie ein für allemal, sondern sie ist ein Prozeß, ein innerer Weg während unseres ganzen Lebens.

GENERALAUDIENZ, 21. FEBRUAR 2007

15. MÄRZ

Als weitere Einladung zur Meditation über das Leiden und Sterben des Erlösers und als Ausdruck der Liebe und der Teilnahme der Gläubigen an den Leiden Christi hat die christliche Tradition verschiedene zeichenhafte Gesten der Volksfrömmigkeit ins Leben gerufen, Prozessionen und Darstellungen der Passion, die darauf abzielen, Gefühle wahrer Anteilnahme am Erlösungsopfer Christi immer tiefer in das Herz der Gläubigen einzuprägen. Unter diesen ragt die „Via Crucis“, der Kreuzweg, hervor, eine fromme Übung, die im Lauf der Jahre um vielfältige geistliche und künstlerische Ausdrucksformen entsprechend dem Empfinden der verschiedenen Kulturen bereichert worden ist.

GENERALAUDIENZ, 19. MÄRZ 2008

16. März

Es ist nicht notwendig, vor jedem Kommunionempfang zu beichten, aber es ist nützlich, regelmäßig zu beichten. Ja, es stimmt, unsere Sünden sind meistens die gleichen, aber wir putzen ja auch unsere Wohnung, unser Zimmer, wenigstens einmal in der Woche, obwohl der Schmutz immer der gleiche ist, damit wir es sauber haben, sonst sammelt sich der Schmutz an, auch wenn man ihn vielleicht nicht sieht. Ähnliches gilt auch für die Seele, für mich selbst. Wenn ich nie beichte, wird die Seele vernachlässigt, und am Ende bin ich immer zufrieden mit mir und weiß nicht mehr, daß ich mich bemühen muß, besser zu werden und fortzuschreiten. Und diese Reinigung der Seele, die Jesus uns im Bußsakrament schenkt, hilft uns, ein waches, empfängliches Gewissen zu haben und auch in geistlicher Hinsicht als menschliche Person zu reifen.

Begegnung, 15. Oktober 2005

17. März

Das Kreuz des Herrn umfaßt die Welt; sein Kreuzweg durchquert die Kontinente und die Zeiten. Beim Kreuzweg können wir nicht bloß Zuschauer sein. Auch wir sind mit hineingenommen und müssen deshalb unseren Platz suchen: Wo sind wir? Beim Kreuzweg kann man nicht neutral bleiben. Pilatus, der skeptische Intellektuelle, hat versucht, neutral zu sein, sich herauszuhalten; aber gerade dadurch hat er Stellung bezogen gegen die Gerechtigkeit, aus Konformismus zugunsten seiner Karriere. Wir müssen unseren Platz suchen.

Kreuzweg, 14. April 2006

18. März

[Der Kreuzweg ist] nicht einfach eine Zusammenstellung der düsteren und traurigen Dinge dieser Welt [...]. Er ist auch kein Moralismus, der letztlich unwirksam bleibt. Er ist kein Protestschrei, der nichts ändert. Der Kreuzweg ist der Weg der Barmherzigkeit, und zwar der Barmherzigkeit, die dem Bösen eine Grenze setzt: So haben wir es von Papst Johannes Paul II. gelernt. Er ist der Weg der Barmherzigkeit und damit der Weg des Heils. Und so sind wir eingeladen, den Weg der Barmherzigkeit einzuschlagen und mit Jesus dem Bösen eine Grenze zu setzen. Beten wir zum Herrn, daß er uns helfen möge, daß er uns helfe, uns von seiner Barmherzigkeit „anstecken" zu lassen. Bitten wir die allerseligste Mutter Jesu, die Mutter der Barmherzigkeit, daß auch wir Männer und Frauen der Barmherzigkeit sein und so zum Heil der Welt beitragen können – zum Heil der Geschöpfe, um Männer und Frauen Gottes zu sein.

KREUZWEG, 14. APRIL 2006

19. MÄRZ — JOSEPH, BRÄUTIGAM DER GOTTESMUTTER MARIA

Das Vorbild des hl. Joseph ist für uns alle ein eindringlicher Aufruf, die Aufgabe, die uns von der Vorsehung anvertraut wurde, in Treue, Einfachheit und Bescheidenheit zu erfüllen. Ich denke vor allem an die Familienväter und -mütter, und ich bete dafür, daß sie die Schönheit eines einfachen, arbeitsamen Lebens stets zu schätzen wissen, indem sie ihre eheliche Beziehung sorgfältig pflegen und ihren großen und nicht einfachen Erziehungsauftrag mit Begeisterung wahrnehmen. Für die Priester, die die Vaterschaft gegenüber den kirchlichen Gemeinschaften ausüben, erwirke der hl. Joseph, daß sie die Kirche mit Zuneigung und voller Hingabe lieben, und er unterstütze die geweihten Menschen in ihrer freudigen und treuen Befolgung der evangelischen Räte der Armut, der Keuschheit und des Gehorsams. Er beschütze die Arbeiter der ganzen Welt, damit sie durch ihre unterschiedlichen Berufe zum Fortschritt der gesamten Menschheit beitragen, und helfe jedem Christen, den Willen Gottes vertrauens- und liebevoll zu erfüllen, um auf diese Weise an der Vollendung des Heilswerks mitzuarbeiten.

ANGELUS, 19. MÄRZ 2006

20. März

Das Bußsakrament ist einer der kostbaren Schätze der Kirche, weil sich nur in der Vergebung die wahre Erneuerung der Welt vollzieht. Nichts kann in der Welt besser werden, wenn nicht das Böse überwunden wird. Und das Böse kann nur durch die Vergebung überwunden werden. Es muß natürlich eine wirksame Vergebung sein. Aber diese Vergebung kann uns allein der Herr gewähren. Eine Vergebung, die das Böse nicht nur mit schönen Worten aus dem Weg räumt, sondern es wirklich zerstört. Das aber kann nur durch das Leiden geschehen, und es ist tatsächlich geschehen durch die leidende Liebe Christi, aus der wir die Vollmacht zur Vergebung schöpfen.

Predigt, 15. Mai 2005

21. März

In der Hinwendung zum göttlichen Lehrer, in der Bekehrung zu Ihm, in der Erfahrung seiner Barmherzigkeit durch das Sakrament der Versöhnung werden wir eines „Blickes" inne, der uns in der Tiefe anschaut und prüft; er kann der großen Zahl und jedem einzelnen von uns wieder aufhelfen. Er läßt allen, die sich nicht in Skepsis verschließen, neu Vertrauen und einen Schimmer der ewigen Seligkeit aufleuchten. Selbst wenn der Haß zu herrschen scheint, so läßt es der Herr doch bereits in unserem Äon nicht an hellen Zeugnissen seiner Liebe fehlen.

Botschaft, 29. September 2005

22. März (Frühester Ostertermin)

Weil er den Tod in Liebe umformt, darum ist der Tod als solcher schon von innen her überwunden und Auferstehung schon in ihm da. Der Tod ist gleichsam von innen verwundet und kann nicht mehr das letzte Wort sein. Das ist sozusagen die Kernspaltung im Innersten des Seins – der

Sieg der Liebe über den Haß, der Sieg der Liebe über den Tod. Nur von dieser innersten Explosion des Guten her, die das Böse überwindet, kann dann die Kette der Verwandlungen ausgehen, die allmählich die Welt umformt. Alle anderen Veränderungen bleiben oberflächlich und retten nicht. Darum sprechen wir von Erlösung: Das zuinnerst Notwendige ist geschehen, und wir können in diesen Vorgang hineintreten. Jesus kann seinen Leib austeilen, weil er wirklich sich selber gibt.

PREDIGT, 21. AUGUST 2005

23. MÄRZ

Eine Kultur, die alles verrechnen und auch alles bezahlen will, die den Umgang der Menschen miteinander in ein oft einengendes Korsett von Rechten und Pflichten zwingt, erfährt durch unzählige sich ehrenamtlich engagierende Mitmenschen, daß das Leben selbst ein unverdientes Geschenk ist. So unterschiedlich, vielfältig oder auch widersprüchlich die Motive und auch die Wege des ehrenamtlichen Engagements sein können, ihnen allen liegt letztendlich jene tiefe Gemeinsamkeit zugrunde, die dem „Umsonst" entspringt. Umsonst haben wir das Leben von unserem Schöpfer erhalten, umsonst sind wir aus der Sackgasse der Sünde und des Bösen befreit worden, umsonst ist uns der Geist mit seinen vielfältigen Gaben geschenkt worden.

ANSPRACHE, 9. SEPTEMBER 2007

24. MÄRZ

Wir müssen nicht nur versuchen, den Relativismus in unserer Bildungsarbeit zu überwinden, sondern sind auch aufgerufen, seiner zerstörerischen Vorherrschaft in Gesellschaft und Kultur entgegenzutreten. Deshalb ist neben dem Wort der Kirche das Zeugnis und das Engagement der christlichen Familien in der Öffentlichkeit sehr wichtig. Sie müssen besonders immer wieder und nachdrücklich für die Unantastbarkeit des menschlichen Lebens von der Empfängnis bis zu seinem natürlichen Ende, für den einzigartigen und unersetzlichen Wert der auf der Ehe beruhenden Familie und für die Notwendigkeit gesetzlicher und administrativer Maßnahmen zur Unterstützung der Familien bei ihrer Aufgabe der Zeugung und Erziehung der Kinder eintreten, eine Aufgabe, die für unsere gemeinsame Zukunft wesentlich ist.

Schreiben, 6. Juni 2005

25. März

Verkündigung des Herrn

Die Ikone der Verkündigung läßt uns besser als jede andere ganz klar wahrnehmen, wie alles in der Kirche auf jenes Geheimnis der Annahme des göttlichen Wortes zurückgeht, wo durch das Wirken des Heiligen Geistes der Bund zwischen Gott und der Menschheit in vollkommener Weise besiegelt worden ist. Alles in der Kirche, jede Einrichtung und jeder Dienst, auch der des Petrus und seiner Nachfolger, ist unter dem Mantel der Jungfrau „hineingenommen" in die Gnadenfülle ihres „Ja" zum Willen Gottes. Es handelt sich um ein Band, das in uns allen natürlich einen starken gefühlsmäßigen Widerhall findet, dem aber vor allem eine objektive Wertigkeit zukommt.

Predigt, 25. März 2006

26. März

Die Möglichkeiten der Verirrung des menschlichen Herzens sind in der Tat zahlreich. Der einzige Weg, ihnen vorzubeugen, besteht darin, nicht nur eine rein individualistische, autonome Sicht der Dinge zu pflegen, sondern sich im Gegenteil immer wieder aufs neue auf die Seite Jesu zu stellen und seine Sichtweise anzunehmen. Wir müssen Tag für Tag versuchen, in vollkommener Gemeinschaft mit ihm zu stehen. Erinnern wir uns daran, daß auch Petrus sich Jesus und dem, was ihn in Jerusalem erwartete, widersetzen wollte, wofür er aber eine strenge Zurechtweisung erhielt: „Du hast nicht das im Sinn, was Gott will, sondern was die Menschen wollen" (Mk 8,32–33)! Nach seinem Fall bereute Petrus und fand Vergebung und Gnade. Auch Judas bereute, aber seine Reue artete in Verzweiflung aus und führte so zur Selbstzerstörung. Das ist für uns eine Aufforderung, immer vor Augen zu haben, was der hl. Benedikt am Schluß des grundlegenden IV. Kapitels seiner Regel sagt: „Und an der Barmherzigkeit Gottes niemals verzweifeln".

Generalaudienz, 18. Oktober 2006

27. März

Wirklich, Gott „ist größer als unser Herz", wie der hl. Johannes sagt (1 Joh 3,20). Halten wir uns daher zwei Dinge vor Augen. Erstens: Jesus achtet unsere Freiheit. Zweitens: Jesus wartet auf unsere Bereitschaft zur Reue und zur Umkehr; er ist reich an Barmherzigkeit und Vergebung. Wenn wir im übrigen an die negative Rolle denken, die Judas gespielt hat, müssen wir sie der höheren Führung der Ereignisse durch Gott unterordnen. Sein Verrat führte zum Tod Jesu, der die schreckliche Hinrichtung in einen Akt heilbringender Liebe und in die Hingabe seiner selbst an den Vater umwandelte (vgl. Gal 2,20; Eph 5,2.25). Das Verb „verraten" ist die Übersetzung eines griechischen Wortes, das „hingeben" bedeutet. Manchmal ist sein Subjekt sogar Gott selbst: Er war es, der aus Liebe Jesus für uns alle „hingab" (vgl. Röm 8,32). In seinem geheimnisvollen Heilsplan nimmt Gott die unentschuldbare Tat des Judas als Gelegenheit zur vollkommenen Hingabe des Sohnes für die Erlösung der Welt an.

Generalaudienz, 18. Oktober 2006

28. März

Umkehren: Was heißt das wirklich? Umkehren heißt Gott suchen, mit Gott gehen, die Lehren seines Sohnes, Jesu

Christi, willig befolgen. Umkehren ist nicht ein Bemühen um Selbstverwirklichung, denn der Mensch ist nicht der „Architekt" seines eigenen ewigen Schicksals. Wir haben uns nicht selbst gemacht. Deshalb ist die Selbstverwirklichung ein Widerspruch und für uns auch zu wenig. Wir haben eine höhere Bestimmung. Wir könnten sagen, daß die Umkehr gerade darin besteht, sich nicht als „Schöpfer" seiner selbst zu betrachten und so die Wahrheit zu entdecken, denn wir sind nicht die Urheber von uns selbst. Umkehr besteht darin, frei und mit Liebe zu akzeptieren, daß wir in allem von Gott, unserem wahren Schöpfer, abhängig sind, daß wir von der Liebe abhängig sind. Das ist nicht Abhängigkeit, sondern Freiheit.

Generalaudienz, 21. Februar 2007

29. März

Wir sind begrenzte Geschöpfe, Sünder, die stets der Buße und Umkehr bedürfen. Wie wichtig ist es, diesen Hinweis in dieser unserer Zeit zu hören und anzunehmen! Wenn der moderne Mensch seine totale Unabhängigkeit von Gott erklärt, wird er zum Sklaven seiner selbst und findet sich oft in einer trostlosen Einsamkeit wieder. Die Aufforderung zur Umkehr ist da ein Antrieb, in die Arme Gottes, des zärtlichen und barmherzigen Vaters, zurückzukehren, ihm zu vertrauen, sich ihm als Kinder anzuvertrauen, die von seiner Liebe erneuert werden. Mit weiser pädagogischer Belehrung wiederholt die Kirche, daß die Umkehr vor allem eine Gnade ist, ein Geschenk, das das Herz für die unendliche Güte Gottes öffnet. Er selbst kommt mit seiner Gnade unserem Verlangen nach Umkehr zuvor und begleitet unsere Bemühungen um die volle Zustimmung zu seinem Heilswillen. Umkehren bedeutet demnach, sich von Jesus ergreifen zu lassen (vgl. Phil 3,12) und mit ihm zum Vater „zurückzukehren".

Generalaudienz, 6. Februar 2008

30. März

Genau betrachtet, stehen der Nihilismus und der Fundamentalismus in einem falschen Verhältnis zur Wahrheit: Die Nihilisten leugnen die Existenz jeglicher Wahrheit, die Fundamentalisten erheben den Anspruch, sie mit Gewalt aufzwingen zu können. Obwohl sie verschiedenen Ursprungs sind und in unterschiedlichen kulturellen Zusammenhängen beheimatete Erscheinungen darstellen, stimmen Nihilismus und Fundamentalismus überein in einer gefährlichen Verachtung des Menschen und seines Lebens und – im Endeffekt – Gottes selbst. An der Basis dieses gemeinsamen tragischen Resultates steht nämlich letztlich die Verdrehung der vollen Wahrheit Gottes: Der Nihilismus leugnet seine Existenz und seine sorgende Gegenwart in der Geschichte; der fanatische Fundamentalismus verzerrt sein liebevolles und barmherziges Angesicht und setzt an seine Stelle nach eigenem Bild gestaltete Götzen.

Botschaft, 8. Dezember 2005

31. März

Der Karsamstag ist von tiefem Schweigen gekennzeichnet. Die Kirchen sind schmucklos und es sind keine besonderen Liturgien vorgesehen. Während die Gläubigen das große Ereignis der Auferstehung erwarten, verharren sie mit Maria in Gebet und Betrachtung. Es bedarf in der Tat eines Tages des Schweigens, um über die Wirklichkeit des menschlichen Lebens nachzudenken, über die Kräfte des Bösen und über die große Kraft des Guten, das aus dem Leiden und der Auferstehung des Herrn hervorgeht. Große Bedeutung kommt an diesem Tag dem Empfang des Sakrament der Versöhnung zu, dem unverzichtbaren Weg, um das Herz zu reinigen und sich vorzubereiten, das Osterfest innerlich erneuert zu feiern.

Generalaudienz, 19. März 2008

April

1. April

Jeder von uns kann versucht sein, dem Unglauben des Thomas zu verfallen. Der Schmerz, das Böse, die Ungerechtigkeiten, der Tod, besonders wenn Unschuldige betroffen sind – zum Beispiel die Kinder, die Krieg und Terrorismus, Krankheiten und Hunger zum Opfer fallen – stellt all das unseren Glauben etwa nicht auf eine harte Probe? Und doch ist uns paradoxerweise gerade in diesen Fällen der Unglaube des Thomas nützlich und wertvoll, weil er uns hilft, alle falschen Vorstellungen von Gott zu läutern, und uns dazu führt, sein wahres Angesicht zu entdecken: das Angesicht eines Gottes, der in Christus die Qualen der verwundeten Menschheit auf sich genommen hat. Thomas hat die Gabe eines durch Jesu Passion und Tod geprüften und durch die Begegnung mit Ihm als dem Auferstandenen bestärkten Glaubens vom Herrn empfangen und an die Kirche weitergegeben. Eines Glaubens, der fast gestorben war und dank der Berührung mit Christi Wunden wiedergeboren wurde – mit jenen Wunden, die der Auferstandene nicht verborgen, sondern gezeigt hat und auf die er uns in der Not und den Leiden eines jeden Menschen immer noch hinweist.

Urbi et orbi, 8. April 2007

2. April

Todestag von Papst Johannes Paul II.

„Öffnet, ja reißt die Tore weit auf für Christus!" Diesen unvergeßlichen Appell – den ich noch in mir widerhallen höre, als wäre es gestern gewesen – verkörperte Johannes Paul II. mit seiner ganzen Person und seiner ganzen Sendung als Nachfolger Petri [...] In seinen letzten Lebensjahren hat der Herr ihm allmählich alles genommen, um ihn Sich vollkommen ähnlich zu machen. Und als er nicht mehr reisen, dann nicht mehr gehen und schließlich nicht einmal mehr sprechen konnte, beschränkten sich seine Gesten und seine Verkündigung auf das Wesentliche: die Selbsthingabe bis zuletzt. Sein Tod war die Vollendung eines konsequenten Glaubenszeugnisses, das die Herzen vieler Menschen guten Willens berührt hat. Johannes Paul II. hat uns an einem Samstag verlassen, der besonders der Jungfrau Maria geweiht ist, für die er immer eine kindliche Verehrung hegte. Die himmlische Mutter Gottes bitten wir nun, daß sie uns helfe, das zu beherzigen, was uns dieser große Papst geschenkt und gelehrt hat.

Angelus, 2. April 2006

3. April

[Der Sonntag nach Ostern] heißt nach alter Überlieferung „Weißer Sonntag": Noch einmal trugen an diesem Tag die Neugetauften der Osternacht ihr weißes Kleid, Sinnbild des Lichts, das der Herr ihnen in der Taufe geschenkt hatte. Das weiße Kleid werden sie dann ablegen, aber die neue Helligkeit, die ihnen mitgeteilt wurde, die sollen sie in den Alltag hineinnehmen; die leise Flamme der Wahrheit und des Guten, die der Herr in ihnen angezündet hatte, die sollten sie sorgsam hüten und so etwas von Gottes Helligkeit und Güte in diese unsere Welt tragen.

Predigt, 15. April 2007

4. April

[...] wir müssen unsere Bindung an den für uns gestorbenen und auferstandenen Christus beständig erneuern: Sein Ostern ist auch unser Ostern, da uns im auferstandenen

Christus die Gewißheit unserer Auferstehung geschenkt wird. Die Nachricht von seiner Auferstehung von den Toten veraltet nicht, und Jesus ist immer lebendig; und lebendig ist sein Evangelium. „Der Glaube der Christen", sagt der hl. Augustinus, „ist die Auferstehung Christi". Die Apostelgeschichte erklärt das mit aller Deutlichkeit: „Gott hat vor allen Menschen Jesus dadurch ausgewiesen, daß er ihn von den Toten auferweckt hat" (17,31). Um zu beweisen, daß Jesus wahrhaftig der Sohn Gottes, der erwartete Messias ist, reichte in der Tat der Tod nicht aus. Wie viele Menschen haben im Laufe der Geschichte für eine für gerecht gehaltene Sache ihr Leben aufgeopfert und sind gestorben! Und tot sind sie geblieben. Der Tod des Herrn beweist die unermeßliche Liebe, mit der er uns geliebt hat, bis hin zum Opfer für uns; aber erst seine Auferstehung ist der „sichere Beweis", ist die Gewißheit, daß alles, was er sagt, die Wahrheit ist, die auch für uns, für alle Zeiten gilt.

GENERALAUDIENZ, 26. MÄRZ 2008

5. APRIL

In diesen einzigartigen Tagen richten wir entschlossen das Leben auf eine großherzige und überzeugte Treue zum Plan des himmlischen Vaters aus; wir erneuern unser „Ja" zum göttlichen Willen, wie es Jesus mit dem Kreuzesopfer getan hat. Die eindrucksvollen Riten des Gründonnerstags, des Karfreitags, das an Gebet reiche Schweigen des Karsamstags und die feierliche Osternacht bieten uns die Gelegenheit, den Sinn und den Wert unserer christlichen Berufung, die dem Ostergeheimnis entspringt, zu vertiefen und sie in der treuen Nachfolge Christi in jeder Situation zu konkretisieren, wie er es getan hat, bis hin zur großzügigen Hingabe unseres Daseins.

GENERALAUDIENZ, 19. MÄRZ 2008

6. April

Der Sonntag, Tag des Herrn, ist die beste Gelegenheit, um aus ihm, dem Herrn des Lebens, Kraft zu schöpfen. Das Sonntagsgebot ist also keine von außen auferlegte Verpflichtung, keine Last auf unseren Schultern. Im Gegenteil, an der sonntäglichen Meßfeier teilzunehmen, sich vom eucharistischen Brot zu nähren, die Gemeinschaft der Brüder und Schwestern in Christus zu erfahren, ist für den Christen ein Bedürfnis, eine Freude; so kann der Christ die nötige Kraft finden für den Weg, den wir jede Woche zurücklegen müssen. Es ist übrigens kein willkürlicher Weg: Der Weg, den Gott uns in seinem Wort weist, führt in die Richtung, die in das Wesen des Menschen selbst eingeschrieben ist. Das Wort Gottes und die Vernunft gehören zusammen. Dem Wort Gottes folgen, mit Christus gehen bedeutet für den Menschen, sich selbst zu verwirklichen; ihn verlieren heißt sich selbst verlieren.

Predigt, 29. Mai 2005

7. April

Das Leben jedes Menschen ist heilig, für die Christen wie für die Muslime. Wir haben ein großes Aktionsfeld, in dem wir uns im Dienst an den moralischen Grundwerten vereint fühlen dürfen. Die Würde der Person und die Verteidigung der Rechte, die sich aus dieser Würde ergeben, müssen Ziel und Zweck jedes sozialen Planes und jedes Bemühens zu dessen Durchsetzung sein. Das ist eine Botschaft, welche die leise, aber deutliche Stimme des Gewissens in unverwechselbarer Weise skandiert. Es ist eine Botschaft, die man hören und zu Gehör bringen muß: Würde ihr Widerhall in den Herzen verstummen, wäre die Welt der Finsternis einer neuen Barbarei ausgesetzt. Nur über die Anerkennung der Zentralität der Person kann man eine gemeinsame Verständigungsgrundlage finden, eventuelle kulturelle Gegensätze überwinden und die explosive Kraft der Ideologien neutralisieren.

Ansprache, 20. August 2005

8. April

Der Mensch will erkennen – er will Wahrheit. Wahrheit ist zunächst eine Sache des Sehens, des Verstehens, der „theoría", wie die griechische Tradition es nennt. Aber Wahrheit ist nie bloß theoretisch. Augustinus hat in seiner Zuordnung der Seligpreisungen, der Bergpredigt und der Geistesgaben von Jesaja 11 „scientia" und „tristitia" aufeinander bezogen: Bloßes Wissen, so meint er, macht traurig. Und in der Tat – wer nur alles ansieht und erfährt, was in der Welt geschieht, wird traurig werden. Aber Wahrheit meint mehr als Wissen: Die Erkenntnis der Wahrheit zielt auf die Erkenntnis des Guten. Das ist auch der Sinn des sokratischen Fragens: Was ist das Gute, das uns wahr macht? Die Wahrheit macht uns gut, und das Gute ist wahr: Dies ist der Optimismus, der im christlichen Glauben lebt, weil er des Logos, der schöpferischen Vernunft ansichtig geworden ist, die sich in der Menschwerdung Gottes zugleich als das Gute, als die Güte selbst gezeigt hat.

Text der Vorlesung vom 17. Januar 2008

9. April

Gottes Erbarmungen begleiten uns Tag um Tag. Wenn wir nur wachen Herzens sind, können wir sie wahrnehmen. Allzusehr sind wir geneigt, bloß die tägliche Mühsal zu empfinden, die uns als Kindern Adams auferlegt ist. Aber wenn wir unser Herz öffnen, dann können wir mitten darin auch immer wieder sehen, wie gut Gott mit uns ist; wie er gerade im Kleinen unser gedenkt und uns so zum Großen hilft. Mit der größer gewordenen Last der Verantwortung hat der Herr auch neue Hilfe in mein Leben gebracht: Immer wieder erfahre ich mit dankbarer Freude, wie groß die Schar derer ist, die mich mit ihrem Gebet mittragen; die mir mit ihrem Glauben und ihrer Liebe helfen, meinen Dienst zu tun; die mit meiner Schwachheit Nachsicht haben und auch im Schatten Petri das gütige Licht Jesu Christi erkennen. Dafür möchte ich [...] dem Herrn und Euch allen von ganzem Herzen danken.

PREDIGT, 15. APRIL 2007

10. APRIL

Der Mensch ist das einzige Geschöpf, das frei ist, Ja oder Nein zur Ewigkeit, das heißt zu Gott zu sagen. Der Mensch kann in sich die Hoffnung auslöschen, indem er Gott aus seinem Leben streicht. Wie kann es dazu kommen? Wie kann es geschehen, daß das „auf Gott hin geschaffene" Geschöpf, das zuinnerst auf ihn ausgerichtet ist, dasjenige, das dem Ewigen am nächsten steht, sich dieses Reichtums berauben kann? Gott kennt das Herz des Menschen. Er weiß, daß derjenige, der ihn ablehnt, nicht sein wahres Antlitz kennengelernt hat, und deshalb hört er nicht auf, an unsere Tür zu klopfen, wie ein demütiger Pilger auf der Suche nach Aufnahme. Ja, deshalb gewährt der Herr der Menschheit neue Zeit: damit es allen ermöglicht werde, ihn kennenzulernen!

PREDIGT, 1. DEZEMBER 2007

11. APRIL

„Das Gewissen" – sagt der „Katechismus der katholischen Kirche" – „ist ein Urteil der Vernunft, in welchem der Mensch erkennt, ob eine konkrete Handlung, die er beabsichtigt, gerade ausführt oder schon getan hat, sittlich gut oder schlecht ist. Bei allem, was er sagt und tut, ist der Mensch verpflichtet, sich genau an das zu halten, wovon er weiß, daß es recht und richtig ist" (Nr. 1778). Aus dieser Definition geht hervor, daß das Gewissen, wenn es in der Lage sein soll, das menschliche Verhalten richtig zu leiten, vor allem auf dem festen Fundament der Wahrheit gründen muß; das heißt, es muß erleuchtet werden, um den wahren Wert der Handlungen und die Beschaffenheit der Bewertungskriterien zu erkennen, so daß es das Gute vom Bösen zu unterscheiden weiß – auch dort, wo das soziale Umfeld, der kulturelle Pluralismus und die sich überschneidenden Interessen nicht von Nutzen sind.

Ansprache, 24. Februar 2007

12. April

Jesus Christus hat mit der Radikalität seiner Liebe, in der sich das Herz Gottes und des Menschen berührten, wirklich das Licht vom Himmel auf die Erde geholt – das Licht der Wahrheit und das Feuer der das Menschsein verwandelnden Liebe. Er hat das Licht gebracht, und nun wissen wir, wer Gott ist und wie Gott ist. So wissen wir auch, was es um den Menschen ist; was wir sind und wozu wir sind. Getauft werden bedeutet, daß das Feuer dieses Lichts in unser Inneres eingesenkt wird. Die Taufe wurde daher in der alten Kirche auch Sakrament der Erleuchtung genannt: Das Licht Gottes tritt in uns herein; so werden wir selbst zu Kindern des Lichts. Dieses Licht der Wahrheit, das uns den Weg zeigt, wollen wir in uns nicht erlöschen lassen. Wir wollen es hüten gegen all die Mächte, die es auslöschen, uns wieder ins Gottesdunkel und in das Dunkel über uns selbst zurückwerfen möchten. Das Dunkel kann zeitweise bequem erscheinen. Ich kann mich verstecken und kann mein Leben verschlafen. Aber wir sind nicht zum Dunkel berufen, sondern zum Licht. In den Taufgelübden zünden wir gleichsam Jahr um Jahr dieses Licht neu an.

Predigt, 22. März 2008

13. April

Die Gesinnungen Jesu Christi lernen wir, wenn wir mit ihm mitdenken lernen und so auch sein Scheitern mitdenken lernen und sein Hindurchgehen durch das Scheitern, das Größerwerden seiner Liebe im Scheitern. Wenn wir in diese seine Gesinnungen eintreten, anfangen, uns in sie einzuüben, daß wie er und mit ihm denken, dann erwacht in uns die Freude an Gott, die Zuversicht, daß er dennoch der Stärkere ist, ja, wir dürfen sagen: die Liebe zu ihm. Wir spüren, wie gut es ist, daß er ist und daß wir ihn kennen dürfen – daß wir ihn im Angesicht Jesu Christi, der für uns gelitten hat, kennen.

PREDIGT, 7. NOVEMBER 2006

14. APRIL

So haben die Jünger von Anfang an im auferstandenen Jesus denjenigen erkannt, der unser Bruder in der menschlichen Natur ist, der aber auch eins ist mit Gott. Sie haben in ihm denjenigen erkannt, der uns mit seinem Kommen in die Welt und in seinem ganzen Leben, seinem Tod und seiner Auferstehung Gott gebracht hat, der Gott auf eine neue und einzigartige Weise in der Welt gegenwärtig gemacht hat – denjenigen also, der unserem Leben Sinn und Hoffnung verleiht. In ihm finden wir das wahre Antlitz Gottes, finden wir das, was wir wirklich zum Leben brauchen.

ANSPRACHE, 11. JUNI 2007

15. APRIL

Was war für die Leute, zu denen Jesus damals sprach, so schwer zu akzeptieren? Was ist auch heute für so viele Menschen noch so schwierig? Schwer zu akzeptieren ist die Tatsache, daß Er beansprucht, nicht nur einer der Propheten, sondern der Sohn Gottes zu sein und daß er für sich dieselbe Autorität von Gott einfordert. Als sie ihn predigen hörten, als sie sahen, wie er Kranke heilte, den Armen und Schwachen das Evangelium verkündete und die Sünder versöhnte, gelangten die Jünger nach und nach zu der Erkenntnis, daß er der Messias ist im höchsten Sinn des Wortes, das heißt, nicht ein von Gott gesandter Mensch, sondern Gott selbst, der Mensch geworden ist. Natürlich war das zu groß für sie und überstieg ihr Fassungsvermögen. Sie konnten ihren Glauben mit den Titeln der jüdischen Tradition ausdrücken: „Messias", „Sohn Gottes", „Herr". Aber um der Wirklichkeit tatsächlich zuzustimmen, mußten jene Titel in gewisser Weise in ihrer tiefsten Wahrheit wiederentdeckt werden.

PREDIGT, 29. JUNI 2007

16. APRIL

Nicht die Wissenschaft erlöst den Menschen. Erlöst wird der Mensch durch die Liebe. Das gilt zunächst im rein innerweltlichen Bereich. Wenn jemand in seinem Leben die große Liebe erfährt, ist dies ein Augenblick der „Erlösung", die seinem Leben einen neuen Sinn gibt. Aber er wird bald auch erkennen, daß die ihm geschenkte Liebe allein die Frage seines Lebens nicht löst. Sie bleibt angefochten. Sie kann durch den Tod zerstört werden. Er braucht die unbedingte Liebe. Er braucht jene Gewißheit, die ihn sagen läßt: „Weder Tod noch Leben, weder Engel noch Mächte, weder Gegenwärtiges noch Zukünftiges, weder Gewalten der Höhe oder Tiefe noch irgendeine andere Kreatur können uns scheiden von der Liebe Gottes, die in Christus Jesus ist, unserem Herrn" (Röm 8,38–39). Wenn es diese unbedingte Liebe gibt mit ihrer unbedingten Gewißheit, dann – erst dann – ist der Mensch „erlöst", was immer ihm auch im einzelnen zustoßen mag. Das ist gemeint, wenn wir sagen: Jesus Christus hat uns „erlöst".

SPE SALVI 26

17. APRIL

Die gerechten Strukturen sind [...] eine unerläßliche Voraussetzung für eine gerechte Gesellschaft; aber weder entstehen sie, noch funktionieren sie ohne ein moralisches Einvernehmen der Gesellschaft über die Grundwerte und über die Notwendigkeit, diese Werte mit dem nötigen Verzicht, selbst gegen das persönliche Interesse, zu leben. Wo Gott fehlt – Gott mit dem menschlichen Antlitz Jesu Christi –, zeigen sich diese Werte nicht mit ihrer ganzen Kraft und es kommt auch nicht zu einem Einvernehmen über sie. Ich will damit nicht sagen, daß Nichtgläubige keine hohe und vorbildliche Sittlichkeit leben können; ich sage nur, daß eine Gesellschaft, in der Gott nicht vorkommt, nicht das notwendige Einvernehmen über die sittlichen Werte und nicht die Kraft findet, um – auch gegen die eigenen Interessen – nach dem Vorbild dieser Werte zu leben.

Ansprache, 13. Mai 2007

18. April

Seit der Verkündigung seiner Geburt wird der eingeborene Sohn des Vaters, geboren von der Jungfrau Maria, als „König" im messianischen Sinn bezeichnet, das heißt als Erbe des Thrones Davids gemäß den Verheißungen der Propheten, für ein Reich, das kein Ende haben wird (vgl. Lk 1,32–33). Das Königtum Christi blieb völlig verborgen, und er führte bis zum Alter von 30 Jahren ein einfaches Leben in Nazareth. Dann, während seines öffentlichen Wirkens, gründete Jesus das neue Reich, das „nicht von dieser Welt ist" (vgl. Joh 18,36), und schließlich verwirklichte er es in Fülle durch seinen Tod und seine Auferstehung. Als der Auferstandene den Aposteln erschien, sagte er: „Mir ist alle Macht gegeben im Himmel und auf der Erde" (Mt 28,18). Diese Macht geht hervor aus der Liebe, die Gott im Opfertod seines Sohnes vollkommen offenbart hat. Das Reich Christi ist ein Geschenk, das den Menschen aller Zeiten angeboten wird, damit jeder, der an das menschgewordene Wort glaubt, „nicht zugrunde geht, sondern das ewige Leben hat" (Joh 3,16). Deshalb verkündet Er im letzten Buch der Bibel, der Offenbarung des Johannes: „Ich bin das Alpha und das Omega, der Erste und der Letzte, der Anfang und das Ende" (Offb 22,13).

Angelus, 20. November 2005

19. April

Vor der Erschaffung der Welt, bevor wir ins Dasein gekommen sind, hat der himmlische Vater uns persönlich erwählt, um uns in die Gotteskindschaft zu berufen, durch Jesus, das fleischgewordene Wort, unter der Führung des Heiligen Geistes. Indem er für uns gestorben ist, hat Jesus uns in das Geheimnis der Liebe des Vaters eingeführt, eine Liebe, die ihn ganz umgibt, und die er uns allen darbietet. Auf diese Weise bilden wir vereint mit Jesus, der das Haupt ist, den einen Leib, die Kirche. Das Gewicht einer 2000jährigen Geschichte macht es schwierig, die Neuheit des faszinierenden Geheimnisses der göttlichen Adoption, das im Mittelpunkt der Lehre des hl. Paulus steht, wahrzunehmen. Der Vater, erinnert uns der Apostel, „hat uns das Geheimnis seines Willens kundgetan (...) in Christus alles zu vereinen, alles, was im Himmel und auf Erden ist" (Eph 1,9.10). Und er fügt nicht ohne Begeisterung hinzu: „Wir wissen, daß Gott bei denen, die ihn lieben, alles zum Guten führt, bei denen, die nach seinem ewigen Plan berufen sind; denn alle, die er im voraus erkannt hat, hat er auch im voraus dazu bestimmt, an Wesen und Gestalt seines Sohnes teilzuhaben, damit dieser der Erstgeborene von vielen Brüdern sei" (Röm 8,28-29).

Botschaft, 5. März 2006

20. April

[...] lassen wir es zu, daß sich das österliche Halleluja zutiefst auch in uns einprägt, so daß es nicht nur ein Wort bei bestimmten äußeren Anlässen ist, sondern Ausdruck unseres Lebens: des Lebens von Menschen, die alle einladen, den Herrn zu loben, und die dies tun durch ihr Verhalten als „Auferstandene". „Bitte den Herrn für uns", so sagen wir zu Maria, damit er, der durch die Auferstehung seines Sohnes der ganzen Welt die Freude wiedergeschenkt hat, es uns gewähre, eine ähnliche Freude jetzt und in Ewigkeit zu genießen, in diesem unserem Leben und im ewigen Leben.

REGINA CÆLI, 24. MÄRZ 2008

21. APRIL

KONRAD VON PARZHAM, ORDENSBRUDER

[Bruder Konrad] von Altötting hat auf ein großes Erbe verzichtet, weil er ganz Jesus Christus nachfolgen, ganz mit ihm sein wollte. Er hat sich, wie es der Herr im Gleichnis empfiehlt, wirklich auf den letzten Platz gesetzt, als demütiger Pfortenbruder. In seiner Pfortenstube hat er genau das verwirklicht, was uns Markus über die Apostel sagt: Mit ihm sein und gesandt sein zu den Menschen. Er konnte von seiner Zelle aus immer auf den Tabernakel hinschauen, immer „bei ihm sein". Von diesem Blick her hat er die nicht zu zerstörende Güte gelernt, mit der er den Menschen begegnete, die fast ohne Unterbrechung an seiner Pforte anläuteten – auch manchmal eher bösartig, um ihn bloßzustellen; auch manchmal ungeduldig und laut: Ihnen allen hat er ohne große Worte durch seine Güte und Menschlichkeit eine Botschaft geschenkt, die mehr wert war als bloße Worte. Bitten wir den hl. Bruder Konrad, daß er uns hilft, den Blick auf den Herrn gerichtet zu halten und daß er uns so hilft, Gottes Liebe zu den Menschen zu bringen.

PREDIGT, 11. SEPTEMBER 2006

22. APRIL

Es bedarf einer neuen Erziehung zur Sehnsucht nach der Erkenntnis der authentischen Wahrheit, zur Verteidigung der eigenen Wahlfreiheit gegenüber den Verhaltensweisen der Masse und den Verlockungen der Werbung, um die Leidenschaft für die moralische Schönheit und die Klarheit des Gewissens zu nähren. Das ist die delikate Aufgabe der Eltern und der Erzieher, die ihnen zur Seite stehen;

und es ist die Aufgabe der christlichen Gemeinschaft gegenüber ihren Gläubigen. Was das christliche Gewissen, sein Wachstum und seine Nahrung betrifft, darf man sich nicht mit einem flüchtigen Kontakt mit den grundlegenden Glaubenswahrheiten in der Kindheit begnügen, sondern es bedarf eines Weges, der die verschiedenen Etappen des Lebens begleitet und den Geist und das Herz für die Annahme der grundlegenden Verpflichtungen öffnet, auf die sich die Existenz sowohl des einzelnen wie der Gemeinschaft stützt. Nur so wird es möglich sein, die Jugendlichen zum Verständnis der Werte des Lebens, der Liebe, der Ehe und der Familie hinzuführen.

Ansprache, 24. Februar 2007

23. April

„Wer darf aufsteigen zum Berg des Herrn", fragt der Psalm [23]. [...] Am heiligen Ort darf stehen, wer reine Hände hat und ein lauteres Herz. Reine Hände – das sind Hände, die nicht zur Gewalttätigkeit gebraucht werden. Es sind Hände, die nicht mit Korruption, mit Bestechungsgeldern verschmutzt sind. Ein lauteres Herz – wann ist das Herz lauter? Ein Herz ist lauter, das sich nicht mit Lüge und Heuchelei verstellt und befleckt. Das durchsichtig bleibt wie Quellwasser, weil es kein Doppelspiel kennt. Ein Herz ist rein, das sich nicht mit dem Rausch des Vergnügens verfremdet; ein Herz, dessen Liebe wahr ist und nicht bloß Verlangen des Augenblicks. Reine Hände und ein lauteres Herz: Wenn wir mit Jesus gehen, steigen wir auf und finden zu den Reinigungen, die uns wirklich in die Höhe bringen, die dem Menschen zugedacht ist: die Freundschaft mit Gott selbst.

Predigt, 1. April 2007

24. April

Dem christlichen Glauben kommt in der Geschichte der Humanität gerade diese Bedeutung zu, daß er im Menschen auf neue Weise und in neuer Tiefe die Fähigkeit zu diesen für seine Menschlichkeit entscheidenden Weisen des Leidens entbunden hat. Er hat uns gezeigt, daß Wahrheit, Gerechtigkeit, Liebe nicht bloß Ideale, sondern Wirklichkeit dichtester Art sind. Denn er hat uns gezeigt, daß Gott, die Wahrheit und die Liebe in Person, für uns und mit uns leiden wollte. Bernhard von Clairvaux hat das großartige Wort geprägt: Impassibilis est Deus, sed non incompassibilis – Gott kann nicht leiden, aber er kann mitleiden (Sermones in Cant., 26,5). Der Mensch ist Gott so viel wert, daß er selbst Mensch wurde, um mit dem Menschen mit-leiden zu können, ganz real in Fleisch und Blut, wie es uns in der Passionsgeschichte Jesu gezeigt wird. Von da aus ist in alles menschliche Leiden ein Mitleidender, Mittragender hineingetreten; in jedem Leiden ist von da aus die con-solatio, der Trost der mitleidenden Liebe Gottes anwesend und damit der Stern der Hoffnung aufgegangen.

Spe salvi 39

25. April

Markus, Evangelist, (spätester Ostertermin)

Niemand möge das Herz vor der Allmacht dieser Liebe verschließen, die erlöst! Jesus Christus ist für alle gestorben und auferstanden: Er ist unsere Hoffnung! Wahre Hoffnung für jeden Menschen. Heute sendet der auferstandene Jesus, wie er es vor seiner Rückkehr zum Vater mit seinen Jünger in Galiläa tat, auch uns als Zeugen seiner Hoffnung überall hin und versichert uns: Ich bin immer bei euch, alle Tage, bis zum Ende der Welt (vgl. Mt 28,20). Wenn wir im Geiste auf die verherrlichten Wundmale seines verklärten Leibes schauen, können wir den Sinn und den Wert des Leidens verstehen und die vielen Wunden verbinden, die auch in unseren Tagen die Menschheit weiter mit Blut überziehen. In seinen verherrlichten Wundmalen erkennen wir die unauslöschlichen Zeichen der unendlichen Barmherzigkeit Gottes, von der der Prophet spricht: Er ist es, der alle heilt, deren Herzen zerbrochen sind, der die Schwachen verteidigt und den Gefangenen die Freiheit verkündet, der alle Trauernden tröstet und ihnen Freudenöl statt Trauergewand, Jubel statt der Verzweiflung bringt (vgl. Jes 61,1.2.3).

Urbi et orbi, 23. März 2008

26. April

[...] das Gebet, das wir am heutigen Tag und an allen Tagen der Osterzeit anstelle des Angelus beten: das Regina Caeli. Der Text, der in diesen Wochen den Angelus ersetzt, ist kurz, und hat die direkte Form einer Verkündigung: Es ist sozusagen eine neue „Verkündigung" an Maria, die diesmal nicht von einem Engel an sie ergeht, sondern von uns Christen, die wir die Mutter einladen, sich zu freuen, daß ihr Sohn, den sie im Schoß getragen hat, auferstanden ist, wie er es verheißen hatte. In der Tat, „freue dich" lautete in Nazareth das erste Wort, das der himmlische Bote an die Jungfrau richtete. Und dies war der Sinn: Freue dich, Maria, denn der Sohn Gottes wird Mensch in dir. Jetzt, nach dem Drama des Leidens, erklingt eine neue Einladung zur Freude: „Gaude et laetare, Virgo Maria, alleluia, quia surrexit Dominus vere, alleluia" – Freu dich und frohlocke, Jungfrau Maria, Halleluja, denn der Herr ist wahrhaft auferstanden, Halleluja!"

Regina Cæli, 24. März 2008

27. April

Die Kirche muß immer wieder neu zu dem werden, was sie schon ist: Sie muß die Grenzen zwischen den Völkern öffnen und die Barrieren zwischen Klassen und Rassen niederreißen. In ihr darf es keinen geben, der vergessen oder verachtet wird. In der Kirche gibt es nur freie Brüder und Schwestern Jesu Christi. Wind und Feuer des Heiligen Geistes müssen unaufhörlich jene Grenzen öffnen, die wir immer wieder zwischen uns aufrichten; wir müssen immer wieder von Babel, vom Verschlossensein in uns selbst, zu Pfingsten übergehen. Deshalb müssen wir ständig dafür beten, daß der Heilige Geist uns offen mache, uns die Gnade des gegenseitigen Verstehens schenke, um zum Volk Gottes zu werden, das aus allen Völkern kommt – ja, der hl. Paulus sagt uns noch mehr: Wir müssen in Christus, der als einziges Brot uns alle in der Eucharistie speist und uns in seinem am Kreuz durchbohrten Leib an sich zieht, zu einem Leib und einem Geist werden.

Predigt, 15. Mai 2005

28. April

Dieses Buch [der Weisheit] ist ein einziger Lobeshymnus auf die göttliche Weisheit, die als der kostbarste Schatz dargestellt wird, den der Mensch ersehnen und entdekken kann, als das höchste Gut, von dem alle anderen Güter abhängen. Für die Weisheit lohnt es sich, auf alles andere zu verzichten, denn nur sie gibt dem Leben letzten Sinn – einen Sinn, der selbst den Tod überwindet, weil sie in eine wirkliche Gemeinschaft mit Gott führt. Die Weisheit, sagt der Text, „schafft Freunde Gottes" (Weish 7,27) – eine wunderschöne Formulierung, die einerseits den „gestaltenden" Aspekt hervorhebt, daß nämlich die Weisheit die Persönlichkeit formt und sie in innerem Wachstum zur Vollendung ihrer Reife gelangen läßt, und die zugleich besagt, daß diese Fülle des Lebens in der Freundschaft mit Gott besteht, in der innigen Übereinstimmung mit seinem Sein und seinem Wollen.

Predigt, 6. Mai 2006

29. April

In der Eucharistie offenbart sich der Plan der Liebe, der die gesamte Heilsgeschichte bestimmt (vgl. Eph 1,10; 3,8–11). In ihr gibt der „Deus Trinitas" [der dreifaltige Gott], der in sich selbst die Liebe ist (vgl. 1 Joh 4,78), sich gänzlich in unsere menschliche Befindlichkeit hinein. Im Brot und im Wein, unter deren Gestalten Christus sich uns im österlichen Mahl schenkt (vgl. Lk 22,14–20; 1 Kor 11,23–26), kommt in Form des Sakraments das ganze göttliche Leben zu uns und teilt sich uns mit. Gott ist das vollkommene Mit- und Ineinander gegenseitiger Liebe zwischen dem Vater, dem Sohn und dem Heiligen Geist. Schon in der Schöpfung empfängt der Mensch die Berufung, in einem gewissen Maß am Lebensatem Gottes teilzuhaben (vgl. Gen 2,7). Doch im gestorbenen und auferstandenen Christus und in der Aussendung des Heiligen Geistes, der unbegrenzt gegeben wird (vgl. Joh 3,34), werden wir der innersten Tiefen Gottes anteilig.

SACRAMENTUM CARITATIS 8

30. APRIL

Der Hauptinhalt des eucharistischen Glaubens ist das Mysterium Gottes selbst, der trinitarische Liebe ist. In dem Gespräch Jesu mit Nikodemus finden wir diesbezüglich eine erhellende Aussage: „Gott hat die Welt so sehr geliebt, daß er seinen einzigen Sohn hingab, damit jeder, der an ihn glaubt, nicht zugrunde geht, sondern das ewige Leben hat. Denn Gott hat seinen Sohn nicht in die Welt gesandt, damit er die Welt richtet, sondern damit die Welt durch ihn gerettet wird" (Joh 3,16–17). Diese Worte zeigen die tiefste Wurzel der Gabe Gottes. Jesus schenkt in der Eucharistie nicht „etwas", sondern sich selbst; er bringt seinen Leib als Opfer dar und vergießt sein Blut. Auf diese Weise verschenkt er sich in der Ganzheit seiner Existenz und offenbart die ursprüngliche Quelle dieser Liebe.

SACRAMENTUM CARITATIS 7

PALMSONNTAG

Es gab eine Zeit – und sie ist noch nicht vollkommen überwunden –, in der das Christentum gerade wegen des Kreuzes abgelehnt wurde. Das Kreuz spricht von Opfer, sagte man, das Kreuz ist Zeichen der Verneinung des Lebens. Wir hingegen wollen das ganze Leben, ohne Einschränkungen und ohne Verzichte. Wir wollen leben, nichts als leben. Wir lassen uns nicht von Geboten und Verboten einschränken. Wir wollen Reichtum und Fülle – so sagte man und so sagt man noch immer. Das alles klingt überzeugend und verführerisch; es ist die Sprache der Schlange, die zu uns sagt: „Laßt euch nicht verängstigen! Eßt ruhig von allen Bäumen des Gartens!" Der Palmsonntag jedoch sagt uns, daß das wahre, große „Ja" gerade das Kreuz ist, daß gerade das Kreuz der wahre Baum des Lebens ist. Wir finden das Leben nicht dadurch, daß wir uns seiner bemächtigen, sondern indem wir es schenken.

PREDIGT, 9. APRIL 2006

Gründonnerstag

Um das Osterfest so zu begehen, daß sie einen Nutzen daraus ziehen, bittet die Kirche die Gläubigen, in diesen Tagen das Bußsakrament zu empfangen, das für jeden von uns wie eine Art Tod und Auferstehung ist. In der Alten Kirche fand in der christlichen Gemeinschaft am Gründonnerstag unter dem Vorsitz des Bischofs der Ritus der Versöhnung der Büßer statt. Die geschichtlichen Umstände haben sich gewiß verändert, sich aber mit einer guten Beichte auf Ostern vorzubereiten, bleibt eine Verrichtung, der man ihren vollen Wert zuerkennen muß. Sie bietet uns nämlich die Möglichkeit, unser Leben neu zu beginnen, in der Freude des Auferstandenen und in der Gemeinschaft der uns von ihm gewährten Vergebung wirklich einen Neuanfang zu machen.

Generalaudienz, 12. April 2006

Karfreitag

Der Karfreitag ist der Tag, der an das Leiden, die Kreuzigung und den Tod Jesu erinnert. An diesem Tag sieht die Liturgie der Kirche keine Feier der heiligen Messe vor, sondern die christliche Gemeinschaft versammelt sich, um das große Geheimnis des Bösen und der Sünde zu betrachten, die die Menschheit bedrücken, um im Licht des Wortes Gottes und mit Hilfe bewegender liturgischer Gesten durch die Leiden des Herrn zu gehen, die dieses Böse sühnen. Nachdem die Gemeinde den Bericht über die Passion Christi gehört hat, betet sie für alle Bedürfnisse der Kirche und der Welt, verehrt das Kreuz und empfängt die Eucharistie, indem sie die Hostien zu sich nimmt, die von der Messe „in Coena Domini“ vom Vortag aufbewahrt worden sind.

Generalaudienz, 19. März 2008

Ostern

Nach den Tagen der Fastenzeit erklang in der feierlichen Osternacht erneut der Gesang des Halleluja, ein allgemein bekanntes hebräisches Wort, das „Lobet den Herrn" bedeutet. In den Tagen der Osterzeit verbreitet sich diese Einladung zum Lob von Mund zu Mund, von Herz zu Herz. Sie erschallt ausgehend von einem völlig neuen Ereignis: dem Tod und der Auferstehung Christi. Das Halleluja ist in den Herzen der ersten Jünger und Jüngerinnen Jesu an jenem Ostermorgen in Jerusalem erblüht ... Man scheint fast ihre Stimmen zu hören: jene von Maria von Magdala, die als erste den auferstandenen Herrn im Garten in der Nähe von Golgotha sah; die Stimmen der Frauen, die ihm begegneten, als sie liefen, um – verängstigt und glücklich – den Jüngern die Nachricht vom leeren Grab zu bringen; die Stimmen der beiden Jünger, die sich mit traurigen Gesichtern auf den Weg nach Emmaus gemacht hatten und am Abend nach Jerusalem zurückkehrten, voller Freude darüber, sein Wort gehört und ihn wiedererkannt zu haben, „als er das Brot brach"; die Stimmen der elf Apostel, die sahen, wie er an jenem selben Abend mitten unter ihnen im Abendmahlssaal erschien, die Wunden der Nägel und der Lanze zeigte und zu ihnen sagte: „Friede sei mit euch!" Diese Erfahrung hat ein für allemal das Halleluja in das Herz der Kirche eingeschrieben! Und auch in unser Herz.

Regina Cæli, 24. März 2008

Mai

1. Mai

Joseph, der Arbeiter

Heute beginnt der Monat Mai mit einem liturgischen Gedenktag, der dem Volk Gottes sehr am Herzen liegt, der Gedenktag des hl. Josephs, des Arbeiters. Und ihr wißt, daß ich Joseph heiße. Dieser Gedenktag wurde von Papst Pius XII. seligen Angedenkens vor genau 50 Jahren eingeführt, um die Bedeutung der Arbeit und der Gegenwart Christi und der Kirche in der Arbeitswelt hervorzuheben. Auch in der heutigen Gesellschaft ist es notwendig, das „Evangelium der Arbeit" zu bezeugen, von dem Johannes Paul II. in seiner Enzyklika „Laborem exercens" gesprochen hat. Mein Wunsch ist, daß es vor allem den jungen Menschen nie an Arbeit fehlen möge und daß die Arbeitsbedingungen immer mehr die Würde der menschlichen Person achten.

Regina Cæli, 1. Mai 2005

2. Mai

Athanasius, Bischof, Kirchenlehrer

Athanasius hat sich als leidenschaftlicher Theologe intensiv mit dem Geheimnis der Menschwerdung des Logos, des Göttlichen Wortes, befaßt. Er geriet dadurch in Gegnerschaft zur Irrlehre des Arius, der die Person Christi vor allem auf ihre menschlichen Züge beschränken wollte. Nach seiner Weihe zum Bischof von Alexandrien im Jahr 328 geriet er in Konflikt mit den Arianern und mußte sogar fünfmal ins Exil gehen, unter anderem nach Trier und auch nach Rom. In den letzten sieben Jahren bis zu seinem Tod im Jahr 373 konnte er die alexandrinische Gemeinde zu Versöhnung und Frieden führen. Neben verschiedenen Briefen und einer Biographie über den Mönchsvater Antonius, die auch im Westen eine große Wirkung auf die Frömmigkeit entfaltete, kennen wir vor allem das Werk „Über die Menschwerdung des Wortes", das den Kern seiner Inkarnationslehre beschreibt: Christus, das Göttliche Wort, „wurde Mensch, damit wir vergöttlicht würden; er offenbarte sich im Leibe, damit wir zur Erkenntnis des unsichtbaren Vaters gelangten" (54, 3).

Generalaudienz, 20. Juni 2007

3. Mai

Jakobus d. J. und Philippus, Apostel

In der heutigen Katechese betrachten wir den zweiten Apostel, der den Namen Jakobus trägt: Jakobus den Jüngeren oder, wie er in den Apostellisten aufscheint, Jakobus, den Sohn des Alphäus. Die Evangelien machen keine genaueren Angaben über ihn, aber in der Apostelgeschichte lesen wir, daß ein „Jakobus", der aufgrund seiner nahen Verwandtschaft mit Jesus auch „Herrenbruder" genannt wird, eine gewichtige Rolle in der frühen Kirche und beim Apostelkonzil in Jerusalem einnimmt. Dort unterbreitet er einen bedeutsamen Vorschlag: Den Heiden, die sich zu Gott bekehrt haben, soll nicht die schwere Last aller mosaischen Gesetzesvorschriften aufgebürdet werden; nur an einige besonders wichtige müssen sie sich halten (vgl. Apg 15,19–20). Schließlich betont der Jakobusbrief, daß der Glaube und die Werke zusammengehören und daß der Glaube ohne die Werke tot ist (vgl. Jak 2,14–26). Dabei geht es nicht um „Werkgerechtigkeit" oder gar um Selbsterlösung, sondern darum, daß der Glaube und die Gnade Gottes im Leben der Christen durch die Werke der Liebe fruchtbar und sichtbar werden.

Generalaudienz, 28. Juni 2006

4. Mai

Mit dem Glauben an Jesus Christus, den menschgewordenen Sohn Gottes, geht seit frühesten Zeiten eine besondere Verehrung für seine Mutter einher, für die Frau, in deren Schoß er Menschennatur annahm und sogar ihren Herzschlag teilte, die einfühlsam und respektvoll sein Leben begleitete bis zu seinem Tod am Kreuz und deren Mutterliebe er am Ende den Lieblingsjünger und mit ihm die ganze Menschheit anvertraute. In ihrer Mütterlichkeit nimmt Maria auch heute Menschen aus allen Sprachen und Kulturen unter ihren Schutz, um sie in vereinter Vielfalt miteinander zu Christus zu führen. An sie können wir uns wenden in unseren Sorgen und Nöten. Von ihr sollen wir aber auch lernen, einander so liebevoll anzunehmen wie sie uns alle annimmt: einen jeden in seiner Eigenart, von Gott gewollt und geliebt. In der weltweiten Familie Gottes, in der für jeden Menschen ein Platz vorgesehen ist, soll jeder seine persönlichen Gaben zum Wohle aller entfalten.

Grussworte, 7. September 2007

5. Mai

Wir haben unsere Kenntnisse enorm verbessert und die Grenzen unserer Unwissenheit zutreffender festgestellt; aber für den menschlichen Verstand scheint es zu schwierig geworden zu sein, sich klarzumachen, daß man beim Anblick der Schöpfung auf die Spur des Schöpfers trifft. Eigentlich müßte, wer [...] die Wahrheit liebt, merken, daß uns die Forschung über so tiefgründige Themen in die Lage versetzt, die Hand Gottes zu sehen, ja beinahe zu berühren. Jenseits der Grenzen der experimentellen Methode, an der Grenze des Bereichs, den manche „Meta-Analyse" nennen, dort, wo die bloße Sinneswahrnehmung und die wissenschaftliche Überprüfung nicht mehr ausreichen oder gar nicht möglich sind, beginnt das Abenteuer der

Transzendenz, die verpflichtende Aufgabe, „weiter hinaus zu gehen“.

ANSPRACHE, 27. FEBRUAR 2006

6. MAI

Im Gebet des Regina Caeli, das in dieser österlichen Zeit anstelle des Angelus gebetet wird, wenden wir uns an die allerseligste Jungfrau und laden sie zur Freude ein, weil der, den sie in ihrem Schoß getragen hat, auferstanden ist: „Quia quem meruisti portare, resurrexit, sicut dixit“. Maria hat in ihrem Herzen die „frohe Botschaft“ der Auferstehung bewahrt, Quelle und Geheimnis der wahren Freude und des echten Friedens, den der gestorbene und auferstandene Christus für uns durch das Kreuzesopfer erlangt hat. Bitten wir Maria, daß sie weiterhin, wie sie uns auch in den Tagen der Passion begleitet hat, unsere Schritte in dieser Zeit der österlichen und spirituellen Freude lenken möge, damit wir immer mehr in der Kenntnis und der Liebe des Herrn wachsen können und so zu Zeugen und Aposteln seines Friedens werden.

REGINA CÆLI, 17. APRIL 2006

7. MAI

Gewiß nehmen besonders die schwierigen gesellschaftlichen und wirtschaftlichen Herausforderungen unserer Zeit Ihre Aufmerksamkeit in Anspruch. Dazu kommen auch jene immer komplizierteren Fragen neuer wissenschaftlicher und technologischer Entwicklungen, vor die sich die politischen Entscheidungsträger gestellt sehen. Aus dem Fortschritt der Wissenschaften können ebenso Segen wie Verderben erwachsen. Hier kommt es darauf an, ob jene, die über rechten Gebrauch oder Mißbrauch zu entscheiden haben, dabei bloß den Gesetzen vordergründigen Nutzens oder aber den Gesetzen Gottes folgen. Männer und Frauen, die sich ihrer Verantwortung vor Gott, dem Geber allen Lebens, bewußt sind, werden ihr Bestes tun, damit die unantastbare Würde des Menschen, dessen Leben in allen Phasen heilig ist, den Umgang mit neuen wissenschaftlichen Erkenntnissen bestimmt.

ANSPRACHE, 3. NOVEMBER 2005

8. MAI

[...] das Magnifikat [...], diese großartige Dichtung, die aus dem Munde, ja aus dem Herzen Marias kam und vom Heiligen Geist inspiriert war. In diesem wundervollen Lied spiegelt sich die ganze Seele Marias wider, ihre ganze Persönlichkeit. Wir können sagen, daß dieser Gesang ein Porträt, eine wahre Ikone Marias ist, in der wir sie so sehen können, wie sie ist. Ich möchte nur zwei Aspekte dieses großartigen Gesangs hervorheben. Er beginnt mit dem Wort „Magnificat": Meine Seele „macht den Herrn groß", das heißt sie „preist die Größe des Herrn". Maria möchte, daß der Herr in der Welt, in ihrem Leben groß ist, daß er unter uns allen gegenwärtig ist. Sie hat keine Angst, daß der Herr ein „Konkurrent" in unserem Leben sein könnte, daß er uns durch seine Größe etwas von unserer Freiheit, unserem Lebensraum nehmen könnte. Sie weiß, daß wenn Gott groß ist, auch wir groß sind.

PREDIGT, 15. AUGUST 2005

9. MAI

Liebe – Caritas – wird immer nötig sein, auch in der gerechtesten Gesellschaft. Es gibt keine gerechte Staatsordnung, die den Dienst der Liebe überflüssig machen könnte. Wer die Liebe abschaffen will, ist dabei, den Menschen als Menschen abzuschaffen. Immer wird es Leid geben, das Tröstung und Hilfe braucht. Immer wird es Einsamkeit geben. Immer wird es auch die Situationen materieller Not geben, in denen Hilfe im Sinn gelebter Nächstenliebe nötig ist. Der totale Versorgungsstaat, der alles an sich zieht, wird letztlich zu einer bürokratischen Instanz, die das Wesentliche nicht geben kann, das der leidende Mensch – jeder Mensch – braucht: die liebevolle persönliche Zuwendung. Nicht den alles regelnden und beherrschenden Staat brauchen wir, sondern den Staat, der entsprechend dem Subsidiaritätsprinzip großzügig die Initiativen anerkennt und unterstützt, die aus den verschiedenen gesellschaftlichen Kräften aufsteigen und Spontaneität mit Nähe zu den hilfsbedürftigen Menschen verbinden.

Deus caritas est 28

10. Mai (Frühester Pfingsttermin)

Nachdem der Herr in den Himmel aufgefahren war, versammelten sich die Jünger mit der Mutter Jesu im Obergemach zum Gebet (vgl. Apg 1,14) und baten einmütig um den Heiligen Geist, der sie mit seiner Kraft erfüllen sollte, damit sie für den auferstandenen Christus Zeugnis ablegen (vgl. Lk 24,49; Apg 1,8). Jede christliche Gemeinschaft macht in diesen Tagen, vereint mit der allerseligsten Jungfrau Maria, von neuem diese einzigartige spirituelle Erfahrung in Vorbereitung auf das Hochfest Pfingsten.

Regina Cæli, 8. Mai 2005

11. Mai

Maria ist Vorbild und Stütze aller Gläubigen: Sie ermutigt uns, nicht das Vertrauen zu verlieren angesichts der Schwierigkeiten und der unvermeidlichen Probleme des Alltags. Sie sichert uns ihre Hilfe zu, und sie erinnert uns daran, daß das Wesentliche ist, „das Himmlische und nicht das Irdische" zu suchen und unseren Sinn darauf zu richten (vgl. Kol 3,2). Beansprucht von unserer täglichen Arbeit, laufen wir nämlich Gefahr zu glauben, daß hier, in dieser Welt, in der wir nur auf der Durchreise sind, der letzte Sinn des menschlichen Daseins liege. Das Paradies ist jedoch das wahre Ziel unserer irdischen Pilgerreise. Wie viel anders wären doch unsere Tage, wenn sie von dieser Erwartung beseelt wären!

ANGELUS, 15. AUGUST 2006

12. MAI

Das Geheimnis des Kreuzes ist nicht zu trennen vom Thema der intellektuellen Nächstenliebe, ja es erhellt dieses. Die christliche Weisheit ist die Weisheit des Kreuzes: Die christlichen Studenten und noch mehr die christlichen Lehrer deuten jede Wirklichkeit im Licht des Geheimnisses der Liebe Gottes, die im Kreuz ihre höchste und vollkommenste Offenbarung findet. Ich vertraue euch, liebe Jugendliche, noch einmal das Kreuz Christi an: Nehmt es an, umarmt es, folgt ihm nach. Es ist der Baum des Lebens! Zu seinen Füßen findet ihr immer Maria, die Mutter Jesu. Zusammen mit ihr, dem Sitz der Weisheit, richtet den Blick auf den, der für uns durchbohrt wurde (vgl. Joh 19,37), betrachtet die unerschöpfliche Quelle der Liebe und Wahrheit, dann werdet ihr auch deren frohe Jünger und Zeugen sein. Das wünsche ich jedem einzelnen von euch.

ANSPRACHE, 10. MÄRZ 2007

13. MAI

UNSERE LIEBE FRAU IN FATIMA

Ich denke [...] an die Erscheinung von Fatima, die sich vor 90 Jahren ereignet hat. Sie stellte sich den drei Hirtenkindern Lucia, Jacinta und Francisco als die „Muttergottes vom Rosenkranz“ vor und empfahl eindringlich, den Rosenkranz jeden Tag zu beten, um das Ende des Krieges zu erlangen. Auch wir wollen die mütterliche Bitte der Jungfrau aufnehmen und uns verpflichten, den Rosenkranz in gläubiger Gesinnung für den Frieden in den Familien, den Nationen und der ganzen Welt zu beten.

ANGELUS, 7. OKTOBER 2007

14. Mai

Der Mensch hat viele kleinere oder größere Hoffnungen, Tag um Tag – verschieden in den verschiedenen Perioden seines Lebens. Manchmal kann es scheinen, daß eine dieser Hoffnungen ihn ganz ausfüllt und daß er keine weiteren Hoffnungen braucht. In der Jugend kann es die Hoffnung auf die große, erfüllende Liebe sein; die Hoffnung auf eine bestimmte Stellung im Beruf, auf diesen oder jenen für das weitere Leben entscheidenden Erfolg. Wenn aber diese Hoffnungen eintreten, zeigt sich, daß dies doch nicht alles war. Es zeigt sich, daß er eine darüber hinausreichende Hoffnung braucht. Daß ihm nur etwas Unendliches genügen könnte, das immer mehr sein wird als das, was er je erreichen kann.

SPE SALVI 30

15. Mai

Dieses Geheimnis – die Menschwerdung des göttlichen Wortes und die Gottesmutterschaft Marias – ist groß und mit der menschlichen Vernunft allein nicht leicht zu begreifen. Aber in der Schule Marias können wir mit dem Herzen das erfassen, was die Augen und der Sinn allein nicht wahrnehmen und fassen können. Denn es handelt sich um ein so großes Geschenk, daß wir es nur im Glauben annehmen können, ohne es ganz zu verstehen. Und auf diesem Glaubensweg kommt uns gerade Maria entgehen, sie stützt und leitet uns. Sie ist Mutter, weil sie Jesus im Fleisch geboren hat; sie ist es, weil sie dem Willen des Vaters ganz zugestimmt hat. Der hl. Augustinus schreibt: „Für sie wäre die Gottesmutterschaft wertlos gewesen, wenn sie nicht Christus im Herzen getragen hätte, mit einem glücklicheren Los als dem, als sie ihn im Fleisch empfing“ (De sancta Virginitate, 3,3). Und Maria bewahrte und „setzte“ die nachfolgenden Ereignisse „zusammen“, deren Zeugin und Protagonistin sie war, bis zum Kreuzestod und zur Auferstehung ihres Sohnes Jesus.

Predigt, 1. Januar 2008

16. Mai

In der heutigen Welt gibt es das Phänomen der Globalisierung als ein weltumspannendes Beziehungsgeflecht. Wenngleich die Globalisierung unter gewissen Aspekten ein Gewinn für die große Menschheitsfamilie und ein Zeichen ihrer Sehnsucht nach Einheit sein mag, bringt sie jedoch zweifellos auch das Risiko der großen Monopole und damit die Umdeutung des Gewinns zum höchsten Wert mit sich. Wie in allen Bereichen menschlichen Tuns muß auch die Globalisierung von der Ethik geleitet sein, so daß sie alles in den Dienst der nach dem Bild und Gleichnis Gottes geschaffenen menschlichen Person stellt.

Ansprache, 13. Mai 2007

17. Mai

Der himmlische Vater, der viele Male und auf vielerlei Weise zu den Menschen gesprochen (vgl. Hebr 1,1) und seinen Bund angeboten hat und dabei oft auf Widerstand und Ablehnung gestoßen ist, wollte in der Fülle der Zeiten mit den Menschen einen neuen, endgültigen und unwiderruflichen Bund eingehen, den er mit dem Blut seines eingeborenen Sohnes besiegelte, der gestorben und auferstanden ist für das Heil der ganzen Menschheit. Jesus Christus, der menschgewordene Gott, hat in Maria unser Fleisch angenommen, er hat an unserem Leben teilgenommen und unsere Geschichte teilen wollen. Um seinen Bund zu verwirklichen, hat Gott ein junges Herz gesucht, und er hat es in Maria, der „jungen Frau“ gefunden.

Predigt, 2. September 2007

18. Mai

Ich bin glücklich, mitten unter jungen Menschen zu sein, ihren Glauben, so Gott es will, zu stützen und ihre Hoffnung zu beleben. Und dabei bin ich zugleich sicher, daß ich mindestens ebenso der Empfangende bin, daß die Begeisterung, die Einfühlsamkeit, die Bereitschaft, der Mut und die Hoffnung der jungen Menschen mich anstecken werden und mir Mut geben werden, meinen Weg im Dienst der Kirche als Nachfolger des Petrus weiterzugehen und den Herausforderungen der Zeit zu entsprechen.

ANSPRACHE, 18. AUGUST 2005

19. Mai

Maria ist groß eben deshalb, weil sie nicht sich, sondern Gott groß machen will. Sie ist demütig: Sie will nichts anderes sein als Dienerin des Herrn (vgl. Lk 1,38. 48). Sie weiß, daß sie nur dadurch zum Heil der Welt beiträgt, daß sie nicht ihr eigenes Werk vollbringen will, sondern sich dem Wirken Gottes ganz zur Verfügung stellt. Sie ist eine Hoffende: Nur weil sie den Verheißungen Gottes glaubt und auf das Heil Israels wartet, kann der Engel zu ihr kommen und sie für den entscheidenden Dienst an diesen Verheißungen berufen. Sie ist eine Glaubende: „Selig bist du, weil du geglaubt hast", sagt Elisabeth zu ihr (vgl. Lk 1,45). Das Magnifikat – gleichsam ein Porträt ihrer Seele – ist ganz gewoben aus Fäden der Heiligen Schrift, aus den Fäden von Gottes Wort. So wird sichtbar, daß sie im Wort Gottes wirklich zu Hause ist, darin aus- und eingeht. Sie redet und denkt mit dem Wort Gottes; das Wort Gottes wird zu ihrem Wort, und ihr Wort kommt vom Wort Gottes her. So ist auch sichtbar, daß ihre Gedanken Mitdenken mit Gottes Gedanken sind, daß ihr Wollen Mitwollen mit dem Willen Gottes ist.

DEUS CARITAS EST 41

20. Mai

Habt vor allem große Achtung für die Institution des Sakraments der Ehe. Es kann zu Hause kein wahres Glück geben, wenn nicht gleichzeitig Treue zwischen den Ehepartnern herrscht. Die Ehe ist eine Institution des Naturrechts, die von Christus zur Würde eines Sakraments erhoben wurde; sie ist ein großes Geschenk, das Gott der Menschheit gemacht hat. Achtet sie, ehrt sie. Gleichzeitig ruft Gott euch auf, euch gegenseitig zu achten, auch in der Zeit des Verliebtseins und der Verlobung, denn das Eheleben, das durch göttliche Weisung den verheirateten Paaren vorbehalten ist, wird nur in dem Maße Quelle des Glücks und des Friedens sein, in dem ihr die Keuschheit innerhalb und außerhalb der Ehe zu einem Bollwerk für eure Zukunftshoffnungen zu machen wißt.

Ansprache, 10. Mai 2007

21. Mai

Mit festem Vertrauen singen wir gemeinsam mit Maria das Magnifikat des Lobes und Dankes an Gott, der auf die Niedrigkeit seiner Magd schaut (vgl. Lk 1,47–48). Singen wir es auch dann mit Freude, wenn wir von Schwierigkeiten und Gefahren geprüft werden [...] Maria lehrt uns, daß die Quelle unserer Hoffnung und unser einziger fester Halt Christus ist, und sie wiederholt für uns seine Worte: „Fürchtet euch nicht!“ (Mk 6,50). „Ich bin bei euch“ (Mt 28,20). Und du, Mutter der Kirche, begleite uns stets auf unserem Weg! Heilige Maria, Mutter Gottes, bitte für uns!

Predigt, 29. November 2006

22. Mai

Wenn einmal ihre Leidenschaft für die Fülle und Einheit der Wahrheit geweckt wurde, werden die jungen Menschen sicherlich Freude empfinden über die Entdeckung, daß die

Frage nach dem, was sie wissen können, ihnen das große Abenteuer dessen eröffnet, was sie tun sollten. Hier werden sie erfahren, „auf was“ und „auf wen“ man hoffen kann, und sie werden dazu inspiriert werden, einen Beitrag für die Gesellschaft zu leisten, der in anderen Hoffnung auslöst.

ANSPRACHE, 17. APRIL 2008

23. MAI

Gewiß sehen wir, daß auch heute der Drache den Gott, der ein Kind geworden ist, verschlingen will [vgl. Offb 12,4]. Habt keine Angst um diesen scheinbar schwachen Gott. Der Kampf ist bereits ausgetragen. Auch heute ist dieser schwache Gott stark: Er ist die wahre Kraft. Und so ist das Hochfest der Aufnahme Mariens in den Himmel die Einladung, Gott zu vertrauen, und auch eine Einladung, Maria nachzuahmen, wie sie selbst gesagt hat: Ich bin die Magd des Herrn, ich stelle mich dem Herrn zur Verfügung. Das sollen wir daraus lernen: auf ihrem Weg zu gehen, unser Leben hinzugeben und nicht das Leben zu nehmen. Und eben so sind wir auf dem Weg der Liebe, der eine Selbstentäußerung ist, aber eine Selbstentäußerung, die in Wirklichkeit der einzige Weg ist, um sich selbst wahrhaft zu finden, um das wahre Leben zu finden.

PREDIGT, 15. AUGUST 2007

24. MAI

Der 24. Mai, der liturgische Gedenktag der Allerseligsten Jungfrau Maria unter dem Titel „Hilfe der Christen“ – die sich im Marienheiligtum von Sheshan in Shanghai so großer Verehrung erfreut –, könnte in Zukunft den Katholiken auf der ganzen Welt Gelegenheit bieten, sich im Gebet mit der Kirche in China zu vereinen (...) Am selben Tag werden die Katholiken auf der ganzen Welt – insbesondere jene chinesischer Herkunft – ihre brüderliche Solidarität und Sorge für euch bekunden, indem sie den Herrn der Geschichte um die Gabe der Beharrlichkeit im Zeugnis bitten, wohl wissend, daß eure vergangenen und gegenwärtigen Leiden für den heiligen Namen Jesu und eure furchtlose Treue zu Seinem Stellvertreter auf Erden belohnt werden, auch wenn es zuweilen scheinen mag, daß alles traurig scheitert.

Brief, 27. Mai 2007

25. Mai

[...] das Geschenk des Gesetzes auf dem Sinai [war] keine Einschränkung oder gar Aufhebung der Freiheit, sondern gerade die Grundlage der wahren Freiheit. Und da eine gerechte menschliche Ordnung nur aufrechterhalten werden kann, wenn sie von Gott kommt und wenn sie die Menschen im Hinblick auf Gott miteinander verbindet, dürfen zu einer ausgeglichenen Ordnung der menschlichen Freiheiten die von Gott selbst geschenkten Gebote nicht fehlen. So ist Israel erst durch den Bund mit Gott am Sinai im vollen Sinne ein Volk geworden. Die Begegnung mit Gott am Sinai könnte als Fundament und Garantie seiner Existenz als Volk angesehen werden.

Predigt, 15. Mai 2005

26. Mai

Maria wurde vor jedem Sündenmakel bewahrt, weil sie die Mutter des Erlösers sein sollte. Dasselbe gilt für den Titel „die in den Himmel Aufgenommene“: Sie, die den Heiland hervorgebracht hat, konnte nicht der Verwesung unterworfen sein, die aus der Erbsünde kommt. Und wir wissen, daß all diese Privilegien nicht gewährt wurden, um Maria von uns zu entfernen, sondern um sie im Gegenteil in unsere Nähe zu bringen; in der Tat ist diese Frau, da sie vollkommen bei Gott ist, uns sehr nahe und hilft uns als Mutter und als Schwester. Auch der einzigartige und einmalige Platz, den Maria in der Gemeinschaft der Gläubigen einnimmt, entspringt ihrer grundlegenden Berufung, die Mutter des Erlösers zu sein. Gerade als diese ist Maria auch die Mutter des mystischen Leibes Christi, der die Kirche ist.

GENERALAUDIENZ, 2. JANUAR 2008

27. MAI

[Die] Erinnerung an die sittliche Bedeutung des geistigen Gottesdienstes ist nicht in moralistischem Sinn zu interpretieren. Es ist vor allem die glückliche Entdeckung der Dynamik der Liebe im Herzen dessen, der das Geschenk des Herrn annimmt, sich ihm ganz hingibt und die wahre Freiheit findet. Die sittliche Verwandlung, die der von Christus eingesetzte neue Gottesdienst einschließt, ist ein inneres Streben und ein herzliches Verlangen, der Liebe des Herrn mit dem ganzen eigenen Sein zu entsprechen, auch wenn man weiß, wie anfällig man ist. Das, wovon wir sprechen, spiegelt sich sehr gut in der Evangeliumserzählung von Zachäus wider (vgl. Lk 19,1–10). Nachdem er Jesus in seinem Haus bewirtet hat, ist der Zöllner völlig verwandelt: Er beschließt, die Hälfte seines Vermögens den Armen zu geben und denjenigen, von denen er zu viel gefordert hat, das Vierfache zurückzuerstatten. Das sittliche Streben, das aus der Aufnahme Jesu in unser Leben hervorgeht, entspringt aus der Dankbarkeit, die unverdiente Nähe des Herrn erfahren zu haben.

SACRAMENTUM CARITATIS 82

28. MAI

„Voll der Gnade" bist du, Maria, die du mit deinem „Ja" die Pläne des Schöpfers angenommen und uns damit den Weg zum Heil eröffnet hast. Lehre in deiner Schule auch uns, unser „Ja" zum Willen des Herrn zu sprechen. Ein „Ja", das sich mit deinem ohne Vorbehalt und Zweifel gesprochenen „Ja" verbindet, auf das der himmlische Vater angewiesen sein wollte, um den neuen Menschen zu zeugen, Christus, den einzigen Retter der Welt und der Geschichte. Gib uns den Mut, „Nein" zu sagen zu den Täuschungen der Macht, des Geldes und der Vergnügungen, zum unehrlichen Profit, zu Korruption und Heuchelei, zu Egoismus und Gewalt.

Gebet, 8. Dezember 2006

29. Mai

[Adam und Eva,] unsere Stammeltern [...] fürchteten, daß wenn Gott zu groß wäre, er ihnen etwas von ihrem Leben nehmen würde. Sie dachten, sie müßten Gott zurücksetzen, um Freiraum für sich selbst zu haben. Das war auch die große Versuchung der Moderne, der letzten drei bis vier Jahrhunderte. Immer häufiger hat man gedacht und auch gesagt: „Aber dieser Gott läßt uns nicht unsere Freiheit, mit all seinen Geboten engt er unseren Lebensraum ein. Gott muß also verschwinden; wir wollen autonom sein, unabhängig. Ohne diesen Gott werden wir selbst Götter sein und das tun, was wir wollen." [...] Aber wo Gott verschwindet, wird der Mensch nicht größer. Im Gegenteil: Er verliert seine göttliche Würde, er verliert den göttlichen Glanz auf seinem Angesicht. Schließlich erweist er sich nur als das Produkt einer blinden Evolution und als solches kann er gebraucht und mißbraucht werden. Gerade das hat die Erfahrung dieser unserer Zeit bestätigt.

Predigt, 15. August 2005

30. Mai

Je lebendiger im Herzen des christlichen Volkes die Liebe zur Eucharistie ist, desto deutlicher wird ihm der Auftrag der Mission: Christus zu bringen. Nicht nur eine Idee oder eine an ihm orientierte Ethik, sondern das Geschenk seiner Person selbst. Wer dem Mitmenschen nicht die Wahrheit der Liebe vermittelt, hat noch nicht genug gegeben. So erinnert uns die Eucharistie als Sakrament unseres Heiles unweigerlich an die Einzigkeit Christi und an die von ihm vollbrachte

Rettung zum Preis seines Blutes. Darum ergibt sich aus dem geglaubten und gefeierten eucharistischen Mysterium der Anspruch, fortwährend alle zum missionarischen Einsatz zu erziehen, dessen Zentrum die Verkündigung Jesu als des einzigen Retters ist.

SACRAMENTUM CARITATIS 86

31. MAI

Mit einem Hymnus aus dem 8./9. Jahrhundert grüßt die Kirche seit mehr als 1000 Jahren Maria, die Mutter des Herrn, als „Meeresstern“: „Ave maris stella“. Menschliches Leben bedeutet Unterwegssein. Zu welchem Ziel? Wie finden wir die Straße des Lebens? Es erscheint wie eine Fahrt auf dem oft dunklen und stürmischen Meer der Geschichte, in der wir Ausschau halten nach den Gestirnen, die uns den Weg zeigen. Die wahren Sternbilder unseres Lebens sind die Menschen, die recht zu leben wußten. Sie sind Lichter der Hoffnung. Gewiß, Jesus Christus ist das Licht selber, die Sonne, die über allen Dunkelheiten der Geschichte aufgegangen ist. Aber wir brauchen, um zu ihm zu finden, auch die nahen Lichter – die Menschen, die Licht von seinem Licht schenken und so Orientierung bieten auf unserer Fahrt. Und welcher Mensch könnte uns mehr als Maria Stern der Hoffnung sein – sie, die mit ihrem Ja Gott selbst die Tür geöffnet hat in unsere Welt; sie, die zur lebendigen Bundeslade wurde, in der Gott Fleisch annahm, einer von uns geworden ist, unter uns „zeltete“ (vgl. Joh 1,14)?

SPE SALVI 49

Pfingsten

Am Pfingsttag kam der Heilige Geist mit Macht auf die Apostel herab; so begann die Sendung der Kirche in der Welt. Jesus selbst hatte die Elf auf diese Mission vorbereitet, als er ihnen nach seiner Auferstehung mehrmals erschien (vgl. Apg 1,3). Vor seiner Auffahrt in den Himmel gebot er ihnen, „nicht wegzugehen von Jerusalem, sondern auf die Verheißung des Vaters zu warten" (vgl. Apg 1,4–5); er bat sie also, zusammenzubleiben und sich auf den Empfang der Gabe des Heiligen Geistes vorzubereiten. Und sie verharrten im Abendmahlssaal einmütig im Gebet, zusammen mit Maria, in Erwartung des verheißenen Ereignisses (vgl. Apg 1,14). Zusammenbleiben war die Bedingung, die Jesus für den Empfang der Gabe des Heiligen Geistes stellte; Voraussetzung für die Eintracht war ihr ständiges Gebet. Wir erkennen darin den Entwurf einer ausgezeichneten Lehre für jede christliche Gemeinschaft.

Predigt, 4. Juni 2006

Dreifaltigkeit

Heute feiert die Liturgie das Hochfest der Allerheiligsten Dreifaltigkeit, gleichsam um hervorzuheben, daß sich im Licht des Ostergeheimnisses der Mittelpunkt des Kosmos und der Geschichte vollkommen offenbart: Gott selbst, die ewige und grenzenlose Liebe. Das Wort, das die gesamte Offenbarung zusammenfaßt, lautet: „Gott ist die Liebe" (1 Joh 4,8.16). Die Liebe ist stets ein Geheimnis, eine Wirklichkeit, die den Verstand übersteigt; sie steht dabei nicht im Widerspruch zu ihm, sondern bringt seine Fähigkeiten voll zur Entfaltung. Jesus hat uns das Mysterium Gottes enthüllt: Er, der Sohn, hat uns den Vater im Himmel erkennen lassen und uns den Heiligen Geist, die Liebe des Vaters und des Sohnes, geschenkt. Die christliche Theologie faßt die Wahrheit über Gott in diesem Begriff zusammen: ein einziges Wesen in drei Personen. Gott ist nicht Einsamkeit, sondern vollkommene Gemeinschaft. Deshalb verwirklicht sich der Mensch als Abbild Gottes in der Liebe, die aufrichtige Selbsthingabe ist.

Angelus, 22. Mai 2005

Christi Himmelfahrt

Was will uns also das Fest der Himmelfahrt des Herrn sagen? Es will uns nicht sagen, daß der Herr irgendwohin, weit weg von den Menschen und der Welt, gegangen ist. Die Himmelfahrt Christi ist keine Weltraumfahrt zu den fernsten Gestirnen; denn im Grunde genommen bestehen auch die Gestirne, ebenso wie die Erde, aus physischen Elementen. Die Himmelfahrt Christi bedeutet, daß er nicht mehr der Welt der Vergänglichkeit und des Todes angehört, die unser Leben bedingt. Sie bedeutet, daß er vollkommen Gott gehört. Er – der ewige Sohn – hat unser Menschsein vor das Angesicht Gottes getragen, er hat das Fleisch und Blut in einer verwandelten Gestalt mit sich getragen. Der Mensch findet Raum in Gott; durch Christus wurde das menschliche Sein in das innerste Leben Gottes selbst hineingenommen. Und da Gott den ganzen Kosmos umfaßt und trägt, bedeutet die Himmelfahrt des Herrn, daß sich Christus nicht von uns entfernt hat, sondern daß er jetzt, weil er beim Vater ist, jedem von uns für immer nahe ist. Jeder von uns darf zu ihm „Du" sagen; jeder kann ihn anrufen. Der Herr befindet sich immer in Hörweite. Wir können uns innerlich von ihm entfernen. Wir können leben, indem wir ihm den Rücken zukehren. Aber er erwartet uns immer und ist uns immer nahe.

Predigt, 7. Mai 2005

Juni

1. Juni

[...] wie kann die eigene Authentizität gefunden werden, wenn wir in der Tiefe unseres Herzens Jesus erwarten und wenn die wahre Authentizität eines jeden gerade in der Gemeinschaft mit Christus und nicht ohne Christus gefunden wird? Anders gesagt: Wenn wir den Herrn gefunden haben und wenn er für uns das Licht und die Freude des Lebens ist, sind wir da sicher, daß jemand anderem, der Christus nicht gefunden hat, nicht etwas Wesentliches fehlt, und daß es nicht unsere Pflicht ist, ihm diese wesentliche Wirklichkeit anzubieten? Danach überlassen wir das, was geschehen mag, der Führung des Heiligen Geistes und der Freiheit eines jeden Einzelnen. Aber wenn wir überzeugt sind und wenn wir die Erfahrung der Tatsache gemacht haben, daß das Leben ohne Christus unvollständig ist, daß eine Wirklichkeit, daß die grundlegende Wirklichkeit fehlt, dann müssen wir auch überzeugt sein, daß wir niemandem Unrecht tun, wenn wir ihm Christus zeigen und ihm die Möglichkeit anbieten, so auch seine wahre Authentizität zu finden, die Freude, das Leben gefunden zu haben.

Ansprache, 13. Mai 2005

2. Juni

Dies scheint mir die ununterbrochene Pilgerschaft unseres Lebens zu sein: mit unserem Denken und Empfinden, mit unserem ganzen Leben zur Gemeinschaft des Glaubens zu gelangen. Dies können wir allen anbieten, damit sie sich nach und nach mit dem Glauben der Kirche identifizieren und vor allem immer wieder von Neuem den grundlegenden Schritt tun, sich dem Glauben anzuvertrauen, sich in diese Pilgerschaft des Glaubens einzufügen, um so das Licht des Glaubens zu erlangen.

ANSPRACHE, 13. MAI 2005

3. JUNI

Die Kirche muß immer wieder neu zu dem werden, was sie schon ist: Sie muß die Grenzen zwischen den Völkern öffnen und die Barrieren zwischen Klassen und Rassen niederreißen. In ihr darf es keinen geben, der vergessen oder verachtet wird. In der Kirche gibt es nur freie Brüder und Schwestern Jesu Christi. Wind und Feuer des Heiligen Geistes müssen unaufhörlich jene Grenzen öffnen, die wir immer wieder zwischen uns aufrichten; wir müssen immer wieder von Babel, vom Verschlossensein in uns selbst, zu Pfingsten übergehen. Deshalb müssen wir ständig dafür beten, daß der Heilige Geist uns offen mache, uns die Gnade des gegenseitigen Verstehens schenke, um zum Volk Gottes zu werden, das aus allen Völkern kommt – ja, der hl. Paulus sagt uns noch mehr: Wir müssen in Christus, der als einziges Brot uns alle in der Eucharistie speist und uns in seinem am Kreuz durchbohrten Leib an sich zieht, zu einem Leib und einem Geist werden.

PREDIGT, 15. MAI 2005

4. JUNI

Gott kann nicht mehr geben als sich selbst. In Jesus hat Gott sich uns selbst ganz geschenkt, das heißt, er hat uns alles geschenkt. Darüber hinaus oder daneben kann es für uns keine weitere Offenbarung geben, die in der Lage wäre, mehr mitzuteilen bzw. die Offenbarung Christi irgendwie zu ergänzen. In ihm, im Sohn, ist uns alles gesagt, ist uns alles geschenkt worden. Aber unsere Auffassungsgabe ist begrenzt; daher besteht die Sendung des Geistes darin, die Kirche immer wieder neu, von Generation zu Generation, in die Größe des Geheimnisses Christi einzuführen. Der Geist stellt nicht etwas anderes oder Neues neben Christus; es gibt nicht – wie einige behaupten – eine Geistoffenbarung neben der Offenbarung Christi, es gibt keine zweite Offenbarungsebene. Nein: „Er wird von dem, was mein ist, nehmen", sagt Christus im Evangelium (Joh 16,14). Und wie Christus nur das sagt, was er vom Vater hört und empfängt, so ist der Heilige Geist Sprachrohr Christi. „Er wird von dem, was mein ist, nehmen." Er führt uns nicht zu anderen Orten, die weit weg von Christus sind, sondern er führt uns immer tiefer in das Licht Christi. Deshalb ist die christliche Offenbarung immer alt und neu zugleich.

PREDIGT, 7. MAI 2005

5. JUNI

BONIFATIUS, BISCHOF, GLAUBENSBOTE, MÄRTYRER

Um der [...] großen Herausforderung durch den anhaltenden Säkularisierungsprozeß adäquat begegnen zu können, muß die Kirche in Deutschland vor allem die Kraft und Schönheit des katholischen Glaubens neu sichtbar machen: um dies zu können, muß sie in der Gemeinschaft mit Christus wachsen. Die Einheit der Bischöfe, des Klerus und der Laien untereinander und auch mit der Weltkirche, besonders mit dem Nachfolger Petri, ist dabei von fundamentaler Bedeutung. Möge die mächtige Fürsprache der Jungfrau und Gottesmutter Maria, die in unserer deutschen Heimat so viele wunderbare Heiligtümer besitzt, die Fürbitte des hl. Bonifatius und aller Heiligen unseres Landes [den Bischöfen] und den Gläubigen die Kraft und Ausdauer erwirken, um das große Werk einer authentischen Erneuerung des Glaubenslebens in der Heimat in Treue zu den universalkirchlichen Vorgaben mutig und vertrauensvoll fortzusetzen.

ANSPRACHE, 10. NOVEMBER 2006

6. Juni

Die Begegnung mit Christus in der Eucharistie löst das Engagement für die Evangelisierung aus und gibt der Solidarität Auftrieb; sie weckt im Christen den starken Wunsch, das Evangelium zu verkünden und von ihm in der Gesellschaft Zeugnis zu geben, um sie gerechter und menschlicher zu machen. Aus der Eucharistie ist im Laufe der Jahrhunderte ein unermeßlicher Reichtum an Nächstenliebe, Anteilnahme an den Schwierigkeiten der anderen, an Liebe und Gerechtigkeit hervorgegangen. Nur aus der Eucharistie wird die Zivilisation der Liebe hervorkeimen.

Ansprache, 13. Mai 2007

7. Juni

„Sine dominico non possumus!" Ohne den Herrn und ohne den Tag, der ihm gehört, gerät das Leben nicht. Der Sonntag hat sich in unseren westlichen Gesellschaften gewandelt zum Wochenende, zur freien Zeit. Die freie Zeit ist gerade in der Hetze der modernen Welt etwas Schönes und Notwendiges; jeder von uns weiß das. Aber wenn die freie Zeit nicht eine innere Mitte hat, von der Orientierung fürs Ganze ausgeht, dann wird sie schließlich zur leeren Zeit, die uns nicht stärkt und nicht aufhilft. Die freie Zeit braucht eine Mitte – die Begegnung mit dem, der unser Ursprung und unser Ziel ist. Mein großer Vorgänger auf dem Bischofsstuhl von München und Freising, Kardinal Faulhaber, hat das einmal so ausgedrückt: „Gib der Seele ihren Sonntag, gib dem Sonntag seine Seele."

Predigt, 9. September 2007

8. Juni

Die Anwesenheit der Eltern mit ihren Kindern bei der sonntäglichen Eucharistiefeier ist eine wirksame Pädagogik für die Vermittlung des Glaubens und ein enges Band, das die Einheit zwischen ihnen aufrechterhält. Der Sonntag hatte im Leben der Kirche immer die Bedeutung des bevorzugten Augenblicks der Begegnung der Gemeinden mit dem auferstandenen Herrn. Die Christen müssen erfahren, daß sie nicht einer Persönlichkeit der vergangenen Geschichte folgen, sondern dem lebendigen Christus, der im Hier und Jetzt ihres Lebens gegenwärtig ist. Er ist der Lebendige, der an unserer Seite geht, uns den Sinn der Ereignisse, des Schmerzes und des Todes, der Freude und des Festes enthüllt, in unsere Häuser eintritt und in ihnen bleibt, während er uns mit dem Brot nährt, das Leben schenkt. Die sonntägliche Eucharistiefeier muß deshalb das Zentrum des christlichen Lebens sein.

ANSPRACHE, 13. MAI 2007

9. JUNI

Wir sind in unserem Leben von so vielen Dingen umgeben. Und die Menschen, die nicht in die Kirche gehen, wissen nicht, daß ihnen gerade Jesus fehlt. Aber sie fühlen, daß in ihrem Leben etwas fehlt. Wenn Gott in meinem Leben nicht gegenwärtig ist, wenn Jesus aus meinem Leben ausgeschlossen ist, dann fehlt mir ein Führer, mir fehlt eine wesentliche Freundschaft, mir fehlt auch die Freude, die sehr wichtig ist im Leben. Auch die Kraft, als Mensch zu wachsen, meine Fehler zu überwinden und menschlich zu reifen. Also, wenn wir zur Kommunion gehen und Jesus begegnen, sehen wir nicht sofort die Wirkung; man sieht sie mit der Zeit. So wie man im Lauf der Wochen, der Jahre immer stärker Gottes Abwesenheit, Jesu Abwesenheit spürt. Es ist eine grundlegende und zerstörerische Lücke. Ich könnte jetzt leicht von den Ländern sprechen, in denen jahrelang der Atheismus geherrscht hat, wie er die Seelen und auch das Land verwüstet hat. Da können wir sehen, daß es wichtig, ja, ich würde sagen, grundlegend ist, sich in der Kommunion von Jesus zu nähren. Denn er ist es, der uns Licht schenkt, der uns in unserem

Leben führen will, er ist ein Führer, den wir dringend brauchen.

Begegnung, 15. Oktober 2005

10. Juni

Bei allem Bemühen um die Liturgie muß der Blick auf Gott maßgebend sein. Wir stehen vor Gott – er spricht mit uns, wir mit ihm. Wo immer man bei liturgischen Besinnungen nur darüber nachdenkt, wie man Liturgie attraktiv, interessant, schön machen kann, ist Liturgie schon verfallen. Entweder ist sie „opus Dei“ mit Gott als dem eigentlichen Subjekt oder sie ist nicht. Ich bitte an dieser Stelle: Gestaltet die heilige Liturgie aus dem Hinschauen auf Gott in der Gemeinschaft der Heiligen, der lebendigen Kirche aller Orte und Zeiten so, daß sie zu einem Ausdruck der Schönheit und Erhabenheit des menschenfreundlichen Gottes wird!

Ansprache, 9. September 2007

11. Juni

Barnabas, Apostel

Eine besondere Eigenschaft der ersten Jünger Jesu Christi war ihre enge Zusammenarbeit untereinander zum Wohle der Kirche. Auch der Apostel Paulus war kein Einzelkämpfer. Er konnte sich auf die Mitarbeit geeigneter Helfer stützen. Dazu gehörten: Barnabas, der „Sohn des Trostes“, wie ihn die Apostelgeschichte (4,36) nennt, Silas – oder lateinisch Silvanus – und Apollos. Sie waren ganz unterschiedlicher Herkunft: Barnabas kam aus Zypern, Silas aus Jerusalem und Apollos aus Alexandrien. Gemeinsam war diesen drei Mitarbeitern des Paulus ihre Hingabe an Jesus Christus und das Evangelium. Zugleich hatte jeder auf seine Weise an der gemeinsamen Mission Anteil. Barnabas ebnete vor allem die Wege für die Annahme des Paulus durch die junge Kirche. Silas war und blieb ein treuer Gefährte des Apostels, der ihn bei der Mission im griechischen Kulturkreis unterstützte. Apollos trug mit seiner Redegewandtheit dazu bei, das Wort Gottes zu verbreiten und den Glauben an Jesus Christus zu vertiefen. Lernen wir von diesen Zeugen, dem Evangelium mit Eifer zu dienen und unser Bestes für diese große Aufgabe einzusetzen.

GENERALAUDIENZ, 31. JANUAR 2007

12. JUNI

Liebe Brüder und Schwestern, wie nötig ist es doch, daß die gesamte christliche Gemeinschaft zu Beginn dieses dritten Jahrtausends die Wahrheiten des Glaubens, der Lehre und der katholischen Moral einmütig und vollständig verkündet, lehrt und bezeugt! Zur erhofften Erneuerung der Katechese und Evangelisierung möge auch das „Kompendium des Katechismus der Katholischen Kirche“ beitragen, damit alle Christen – Kinder, Jugendliche und Erwachsene, Familien und Gemeinden –, fügsam gegenüber dem Wirken des Heiligen Geistes, in allen Lebensbereichen zu Katecheten und Kündern des Evangeliums werden und dadurch den anderen helfen, Christus zu begegnen. Darum bitten wir vertrauensvoll die Jungfrau und Gottesmutter, Stern der Evangelisierung.

ANGELUS, 3. JULI 2005

13. JUNI (SPÄTESTER PFINGSTTERMIN)

Am Pfingsttag kam der Heilige Geist mit Macht auf die Apostel herab; so begann die Sendung der Kirche in der Welt. Jesus selbst hatte die Elf auf diese Mission vorbereitet, als er ihnen nach seiner Auferstehung mehrmals erschien (vgl. Apg 1,3). Vor seiner Auffahrt in den Himmel gebot er ihnen, „nicht wegzugehen von Jerusalem, sondern auf die Verheißung des Vaters zu warten“ (vgl. Apg 1,4–5); er bat sie also, zusammenzubleiben und sich auf den Empfang der Gabe des Heiligen Geistes vorzubereiten. Und sie verharrten im Abendmahlssaal einmütig im Gebet, zusammen mit Maria, in Erwartung des verheißenen Ereignisses (vgl. Apg 1,14). Zusammenbleiben war die Bedingung, die Jesus für den Empfang der Gabe des Heiligen Geistes stellte; Voraussetzung für die Eintracht war ihr ständiges Gebet. Wir erkennen darin den Entwurf einer ausgezeichneten Lehre für jede christliche Gemeinschaft.

PREDIGT, 4. JUNI 2006

14. Juni

In Christus, dem Haupt der Kirche, die sein Leib ist, sind alle Christen, „ein auserwähltes Geschlecht, eine königliche Priesterschaft, ein heiliger Stamm, ein Volk, das sein besonderes Eigentum wurde, damit es seine großen Taten verkündet" (vgl. 1 Petr 2,9). Die Eucharistie als Geheimnis, das man leben muß, bietet sich jedem von uns in der Lage an, in der er sich befindet, und läßt seine existentielle Situation zu dem Ort werden, an dem er tagtäglich die christliche Neuheit leben muß. Wenn das eucharistische Opfer in uns das nährt und wachsen läßt, was uns in der Taufe, durch die wir alle zur Heiligkeit berufen sind, schon gegeben worden ist, dann muß das genau in den Lebenssituationen oder -ständen zutage treten und sich erweisen, in denen jeder einzelne Christ sich befindet. Man wird Tag für Tag zu einem Gott wohlgefälligen Gottesdienst, wenn man sein Leben als Berufung lebt.

SACRAMENTUM CARITATIS 79

15. Juni

Die vom Konzil erwünschte aktive Teilnahme [an der hl. Messe] ist in viel wesentlicherem Sinn zu verstehen, angefangen von einer tieferen Bewußtheit des Mysteriums, das gefeiert wird, und seiner Beziehung zum täglichen Leben. Die Empfehlung der Konzilskonstitution „Sacrosanctum Concilium", welche die Gläubigen aufruft, der eucharistischen Liturgie nicht „wie Außenstehende und stumme Zuschauer" beizuwohnen, sondern „die heilige Handlung bewußt, fromm und tätig" mitzufeiern, ist nach wie vor voll gültig. Das Konzil fuhr fort, indem es die Überlegungen entfaltete: Die Gläubigen sollen „sich durch das Wort Gottes formen lassen“ und „am Tisch des Herrn Stärkung finden. Sie sollen Gott danksagen und die unbefleckte Opfergabe darbringen nicht nur durch die Hände des Priesters, sondern auch gemeinsam mit ihm und dadurch sich selber darbringen lernen. So sollen sie durch Christus, den Mittler, von Tag zu Tag zu immer vollerer Einheit mit Gott und untereinander gelangen“ [vgl. Nr. 48].

Sacramentum caritatis 52

16. Juni

Um die Einheit und die Universalität der Kirche besser zum Ausdruck zu bringen, möchte ich empfehlen, was die Bischofssynode in Übereinstimmung mit dem Zweiten Vatikanischen Konzil vorgeschlagen hat: Es ist gut, wenn außer den Lesungen, der Predigt und den Fürbitten der Gläubigen die Feier in lateinischer Sprache gehalten wird; ebenso sollen die bekanntesten Gebete aus der Überlieferung der Kirche in Latein gesprochen und eventuell einige Teile in gregorianischem Choral ausgeführt werden. Ganz allgemein bitte ich darum, daß die zukünftigen Priester von der Seminarzeit an darauf vorbereitet werden, die heilige Messe in Latein zu verstehen und zu zelebrieren sowie lateinische Texte zu nutzen und den gregorianischen Choral zu verwenden. Man sollte nicht die Möglichkeit außer acht lassen, daß auch die Gläubigen angeleitet werden, die allgemeinsten Gebete in Latein zu kennen und gewisse Teile der Liturgie im gregorianischen Stil zu singen.

Sacramentum caritatis 62

17. Juni

Das Zweite Vatikanische Konzil hat es nicht versäumt, daran zu erinnern, wie sehr die Kirche die Rolle all jener schätzt, die durch ihren Gesang zur Schönheit der Liturgie beitragen.

Christus ist gegenwärtig, „wenn die Kirche betet und singt", und wir sind mit der Kirche des Himmels verbunden (vgl. Sacrosanctum Concilium 7–8). Daher habt ihr [Kirchenmusiker] einen wichtigen Auftrag: dem Gottesvolk helfen, mit Würde zu beten. Denn die Kirchenmusik hat eine „dienende Aufgabe" im Gottesdienst (vgl. Nr. 112). Denkt stets daran, daß „wenn die Kirche betet, singt oder handelt, der Glaube der Teilnehmer genährt und ihr Herz zu Gott hin erweckt (wird), auf daß sie ihm geistlichen Dienst leisten und seine Gnade reichlicher empfangen" (Nr. 33).

Ansprache, 30. Dezember 2005

18. Juni

Der Glaube des Chrysostomus an das Geheimnis der Liebe, das die Gläubigen mit Christus und untereinander verbindet, führte ihn dazu, eine tiefe Verehrung für die Eucharistie zum Ausdruck zu bringen, eine Verehrung, die er besonders in der Feier der göttlichen Liturgie nährte. Eine der reichsten Formen der östlichen Liturgie trägt seinen Namen: „Die Göttliche Liturgie des hl. Johannes Chrysostomus". Johannes verstand, daß die Göttliche Liturgie den Gläubigen geistlich zwischen das irdische Leben und die himmlischen Wirklichkeiten stellt, die ihm der Herr verheißen hat. Gegenüber Basilius dem Großen drückte er seine Ehrfurcht bei der Feier der heiligen Geheimnisse mit diesen Worten aus: „Wenn du den geopferten Herrn auf dem Altar liegen siehst und den Priester, der stehend das Gebet über das Opfer spricht (...) kannst du dann noch meinen, unter den Menschen, auf der Erde zu sein? Wirst du nicht im Gegenteil sofort in den Himmel entrissen?" (De sacerdotio 3,4).

Schreiben, 10. August 2007

19. Juni

Die eucharistische Lebensform kann in der Art, wie wir die Geschichte und die Welt verstehen, wirklich zu einem echten Mentalitätswandel führen. Die Liturgie selbst erzieht uns zu alldem, wenn der Priester während der Gabenbereitung in bezug auf Brot und Wein – „Frucht der Erde", „des Weinstocks" und der „menschlichen Arbeit" – ein Lob- und Bittgebet an Gott richtet. Mit diesen Worten nimmt der Ritus alles menschliche Tun und Mühen mit in das Gott dargebrachte Opfer hinein und drängt uns darüber hinaus, die Erde als Schöpfung Gottes zu betrachten, die für uns hervorbringt, was wir zum Leben brauchen. Sie ist nicht eine neutrale Wirklichkeit, bloße Materie zum wahllosen Gebrauch nach menschlichem Begehren. Sie hat vielmehr ihren Platz innerhalb des guten Planes Gottes, durch den wir alle berufen sind, Söhne und Töchter in dem einen Sohn Gottes, Jesus Christus, zu sein (vgl. Eph 1,4–12).

Sacramentum caritatis 92

20. Juni

Die Eucharistie ist eine Speise, die jenen vorbehalten ist, die durch die Taufe von der Sklaverei befreit und Kinder wurden; jene Speise, die sie auf ihrem langen Weg des Exodus durch die Wüste der menschlichen Existenz am Leben hält. Wie das „Manna" für das Volk Israel, so ist die Eucharistie für jede christliche Generation die unentbehrliche Nahrung, die uns auf unserem Weg durch die Wüsten der Welt begleitet, die ausgetrocknet ist von ideologischen und wirtschaftlichen Systemen, die das Leben nicht fördern, sondern vielmehr erniedrigen; eine Welt, in der die Logik der Macht und des Besitzes vorherrscht und nicht die Logik des Dienens und der Liebe. Eine Welt, in der nicht selten die Kultur der Gewalt und des Todes dominiert. Doch Christus kommt uns entgegen und schenkt uns die Gewißheit: Er selbst ist das „Brot des Lebens".

Predigt, 7. Juni 2007

21. Juni

Das Kreuz offenbart „die Länge und Breite, die Höhe und Tiefe“ – damit sind die kosmischen Dimensionen gemeint – einer Liebe, die alle Erkenntnis übersteigt – die Liebe geht über das, was man kennt, hinaus – und die uns mit „der ganzen Fülle Gottes erfüllt“ (vgl. Eph 3,18–19). Im Geheimnis des Gekreuzigten „vollzieht sich jene Wende Gottes gegen sich selbst, in der er sich verschenkt, um den Menschen wieder aufzuheben und zu retten – Liebe in ihrer radikalsten Form“ (Deus caritas est 12). Das Kreuz Christi, schreibt der hl. Papst Leo der Große im 5. Jahrhundert, ist „die Quelle aller Segnungen und Ursache aller Gnaden“ (Predigt 59: 8. Predigt über das Leiden des Herrn, 7).

Generalaudienz, 12. April 2006

22. Juni

In der Kommunion werde ich mit dem Herrn vereint wie alle anderen Kommunikanten: „Ein Brot ist es. Darum sind wir viele ein Leib, denn wir alle haben teil an dem einen Brot“, sagt der hl. Paulus (1 Kor 10,17). Die Vereinigung mit Christus ist zugleich eine Vereinigung mit allen anderen, denen er sich schenkt. Ich kann Christus nicht allein für mich haben, ich kann ihm zugehören nur in der Gemeinschaft mit allen, die die Seinigen geworden sind oder werden sollen. Die Kommunion zieht mich aus mir heraus zu ihm hin und damit zugleich in die Einheit mit allen Christen. Wir werden „ein Leib“, eine ineinander verschmolzene Existenz.

Deus caritas est 14

23. Juni

Auch [bzgl. der Kommunion] gilt, was der hl. Augustinus in seinen „Bekenntnissen“ über den ewigen Logos, die Speise der Seele, sagt: Der heilige Kirchenlehrer betont den paradoxen Charakter dieser Speise, indem er eine Stimme zu hören meint, die zu ihm spricht: „Ich bin die Speise der Großen: Du wächst und wirst mich essen. Und nicht ich werde dir anverwandelt werden wie die Nahrung deines Leibes, sondern du wirst mir anverwandelt werden" (VII, 10,16). Tatsächlich ist es nicht die eucharistische Nahrung, die sich in uns verwandelt, sondern wir sind es, die durch sie geheimnisvoll verändert werden. Christus nährt uns, indem er uns mit sich vereint, uns in sich hineinzieht.

SACRAMENTUM CARITATIS 70

24. JUNI

GEBURT JOHANNES DES TÄUFERS

Jesus hat Johannes eine brennende und leuchtende Lampe genannt (vgl. Joh 5,35). Seid auch ihr solche Lampen! Laßt euer Licht hineinleuchten in unsere Gesellschaft, in die Politik, in die Welt der Wirtschaft, in die Welt der Kultur und der Forschung. Wenn es auch nur ein kleines Licht sein mag inmitten vieler Irrlichter, so bekommt es seine Kraft und seinen Glanz doch von dem großen Morgenstern, dem auferstandenen Christus, dessen Licht leuchtet – durch uns leuchten will – und das nicht untergehen wird.

ANSPRACHE, 8. SEPTEMBER 2007

25. JUNI

Die erste und fundamentale Aufgabe, die uns aus den heiligen Geheimnissen, die wir feiern, erwächst, ist die, mit unserem Leben Zeugnis abzulegen. Das Staunen über das Geschenk, das Gott uns in Christus gemacht hat, überträgt unserem Leben eine neue Dynamik, indem es uns verpflichtet, Zeugen seiner Liebe zu sein. Wir werden Zeugen, wenn durch unser Handeln, unsere Worte, unser Sosein ein Anderer erscheint und sich mitteilt. Man kann sagen, daß das Zeugnis das Mittel ist, durch das die Wahrheit der Liebe Gottes den Menschen in der Geschichte erreicht und ihn einlädt, frei diese radikale Neuheit anzunehmen. Im Zeugnis setzt Gott sich sozusagen dem Risiko aus, das in der Freiheit des Menschen liegt.

SACRAMENTUM CARITATIS 85

26. JUNI

JOSEFMARIA ESCRIVÁ

Jeder Christ ist eingeladen, Gottes Freund zu sein und durch seine Gnade die eigenen Freunde zu ihm zu ziehen. Die apostolische Liebe wird auf diese Weise zu einer wahren Leidenschaft, die ihren Ausdruck in der Weitergabe des in Jesus gefundenen Glücks an andere Menschen findet. Es ist wiederum der hl. Josefmaria [Escrivá], der euch einige Schlüsselworte eures geistlichen Weges in Erinnerung ruft: „Kommunion, Vereinigung, Sich-Mitteilen, Sich-Anvertrauen: Wort, Brot, Liebe" (Der Weg, 535) – die großen Worte, die die wesentlichen Elemente unseres Weges zum Ausdruck bringen. Wenn ihr die Freundschaft mit Jesus pflegt, wenn ihr regelmäßig die Sakramente empfangt, vor allem das Bußsakrament und die Eucharistie, könnt ihr die „neue Generation von Aposteln" werden, „die im Wort Christi verwurzelt sind, in der Lage, eine Antwort zu geben auf die Herausforderungen unserer Zeit, und bereit, überall das Evangelium zu verkünden" (Botschaft zum XXI. Weltjugendtag).

ANSPRACHE, 10. APRIL 2006

27. JUNI

CYRILL VON ALEXANDRIEN, BISCHOF, KIRCHENLEHRER

Die Kirche ist heilig, auch wenn ihre Mitglieder der Läuterung bedürfen, damit die von Gott geschenkte Heiligkeit in ihnen aufleuchten kann, bis sie in ihrem vollen Glanz erstrahlt. Das Zweite Vatikanische Konzil betont die allgemeine Berufung zur Heiligkeit, wenn es sagt: „Die Anhänger Christi sind von Gott nicht kraft ihrer Werke, sondern aufgrund seines gnädigen Ratschlusses berufen und in Jesus dem Herrn gerechtfertigt, in der Taufe des Glaubens wahrhaft Kinder Gottes und der göttlichen Natur teilhaftig und so wirklich heilig geworden" (Lumen gentium 40).

BOTSCHAFT, 5. MÄRZ 2006

28. JUNI

Gott ist der Urquell allen Seins überhaupt; aber dieser schöpferische Ursprung aller Dinge – der Logos, die Urvernunft – ist zugleich ein Liebender mit der ganzen Leidenschaft wirklicher Liebe. Damit ist der Eros aufs Höchste geadelt, aber zugleich so gereinigt, daß er mit der Agape verschmilzt. Von da aus können wir verstehen, daß die Aufnahme des Hohenliedes in den Kanon der Heiligen Schriften sehr früh dahingehend gedeutet wurde, daß diese Liebeslieder im letzten das Verhältnis Gottes zum Menschen und des Menschen zu Gott schildern. Auf diese Weise ist das Hohelied in der jüdischen wie in der christlichen Literatur zu einer Quelle mystischer Erkenntnis und Erfahrung geworden, in der sich das Wesen des biblischen Glaubens ausdrückt: Ja, es gibt Vereinigung des Menschen mit Gott – der Urtraum des Menschen –, aber diese Vereinigung ist nicht Verschmelzen, Untergehen im namenlosen Ozean des Göttlichen, sondern ist Einheit, die Liebe schafft, in der beide – Gott und der Mensch – sie selbst bleiben und doch ganz eins werden.

DEUS CARITAS EST 10

29. JUNI

PETRUS UND PAULUS, APOSTEL

An der Person des Apostels Petrus können wir sehen, wie ein Mensch den Ruf zur Nachfolge Christi aufnimmt. Petrus hört die Worte des Meisters und wird Zeuge seiner Wunder. Aber er versteht nur allmählich, was die „Königsherrschaft Jesu" bedeutet. Dem Herrn geht es nicht um ein irdisches Reich, sondern um den wahren Frieden und die rechte Ordnung, die aus der Hingabe seiner selbst an den Willen des Vaters erwachsen. „Das Brot, das ich geben werde, ist mein Fleisch für das Leben der Welt" (Joh 6,51).

Vielen Hörern bleibt diese Botschaft unverständlich. Sie stellt ihren Glauben auf die Probe. Petrus gibt uns hier ein Vorbild des Vertrauens und des Großmutes, die dem Wirken Gottes die Herzen öffnen: „Herr, du hast Worte des ewigen Lebens“ (V. 68). Doch auch Petrus muß immer wieder die Erfahrung von Schwäche und Versagen machen. Als der auferstandene Christus den Apostel fragt: „Liebst du mich?“, meint er eine vorbehaltlose und totale Liebe. Die Antwort des Petrus ist zaghaft und unsicher. Nach dreimaligem Fragen nimmt Jesus die schwache und der göttlichen Stütze bedürftige Liebe des Menschen an. Der Herr kommt uns nahe, und wir dürfen ganz auf die heiligende Gegenwart des Auferstandenen vertrauen: Christus ist der „Heilige Gottes“, die Quelle wahrer Freude.

GENERALAUDIENZ, 24. MAI 2006

30. JUNI

Das Ende des Monats Juni bedeutet für die Länder der nördlichen Halbkugel unseres Planeten den Beginn der sommerlichen Zeit, und für viele Menschen beginnt der Urlaub. Während ich allen wünsche, einige Tage wohlverdienter Ruhe und Erholung verbringen zu können, möchte ich all jene, die sich auf den Weg zu den verschiedenen Ferienorten machen, zur Vorsicht mahnen. Leider werden jeden Tag, und besonders an Wochenenden, von den Straßen Verkehrsunfälle mit vielen auf tragische Weise beendeten Menschenleben gemeldet, und über die Hälfte der Opfer sind junge Menschen. In den letzten Jahren ist viel getan worden, um diesen schrecklichen Ereignissen vorzubeugen, aber mit dem Beitrag und Einsatz aller kann und muß noch mehr getan werden. Es muß die Unaufmerksamkeit und Oberflächlichkeit bekämpft werden, die in Sekundenschnelle die eigene Zukunft und die anderer Menschen zugrunde richten können. Das Leben ist kostbar und einzigartig: Es muß stets geachtet und geschützt werden, auch durch ein korrektes, besonnenes Verhalten auf den Straßen.

ANGELUS, 26. JUNI 2005

Fronleichnam

Am Hochfest Fronleichnam schauen wir vor allem auf das Zeichen des Brotes. Es erinnert uns auch an die Pilgerschaft Israels während der vierzig Jahre in der Wüste. Die Hostie ist unser Manna, mit dem der Herr uns speist – sie ist wahrhaft das Brot vom Himmel, durch das er sich selbst schenkt. In der Prozession folgen wir diesem Zeichen und so folgen wir ihm selbst. Und wir bitten ihn: Führe uns auf den Straßen unserer Geschichte! Zeige der Kirche und ihren Hirten immer wieder den rechten Weg! Schau auf die Menschheit, die leidet, die zwischen so vielen Fragen unsicher umherirrt; schau auf den leiblichen und seelischen Hunger, der sie quält! Gib den Menschen Brot für Leib und Seele! Gib ihnen Arbeit! Gib ihnen Licht! Gib ihnen dich selbst! Reinige und heilige uns! Laß uns verstehen, daß nur durch die Teilnahme an deiner Passion, durch das „Ja" zum Kreuz, zum Verzicht, zur Reinigung, die du uns auferlegst, unser Leben reifen und zu seiner wahren Fülle gelangen kann. Führe uns von allen Enden der Erde zusammen. Eine deine Kirche, eine die zerrissene Menschheit! Schenke uns dein Heil!

Predigt, 15. Juni 2006

Herz Jesu

Das Hochfest des Heiligsten Herzens Jesu [...], dessen Verehrung im christlichen Volk tief verwurzelt ist. Im Sprachgebrauch der Bibel steht das „Herz" für den Mittelpunkt der Person, den Sitz ihrer Gefühle und Absichten. Im Herzen des Erlösers verehren wir die Liebe Gottes zu den Menschen, seinen Willen zu allumfassendem Heil, seine grenzenlose Barmherzigkeit. Die Verehrung des Heiligsten Herzens Christi bedeutet somit, jenes Herz anzubeten, das uns geliebt hat bis zum äußersten, das von einer Lanze durchbohrt wurde und aus dem vom Kreuz herab Blut und Wasser geflossen sind als unerschöpfliche Quelle neuen Lebens.

Angelus, 5. Juni 2005

Juli

1. Juli

Die Ferienzeit bietet einzigartige Gelegenheiten zum Innehalten vor den großartigen Schauspielen der Natur, dieses wunderbaren „Buches“, das allen – Großen und Kleinen – offensteht. Im Kontakt mit der Natur findet der Mensch seine rechte Dimension wieder; er entdeckt sich von neuem als kleines aber zugleich einzigartiges Geschöpf, das „gottfähig“ ist, weil es in seinem Inneren für den Unendlichen offen ist. Angetrieben von der Sinnfrage, die in seinem Herzen brennt, erkennt der Mensch in der ihn umgebenden Welt die Spuren des Guten, des Schönen und der göttlichen Vorsehung und öffnet sich gleichsam von Natur aus dem Lob und dem Gebet.

Angelus, 17. Juli 2005

2. Juli

Mariä Heimsuchung

Am heutigen Fest „Mariä Heimsuchung“ ebenso wie in jedem Abschnitt des Evangeliums sehen wir Maria fügsam gegenüber dem göttlichen Plan und in einer Haltung fürsorglicher Liebe gegenüber den Brüdern. Noch voll Staunen über das, was der Erzengel Gabriel ihr verkündet hat – daß sie die Mutter des verheißenen Messias werden soll –, erfährt das demütige Mädchen aus Nazareth, daß auch ihre betagte Verwandte Elisabeth noch in ihrem Alter ein Kind erwartet. Sofort machte sie sich auf den Weg, wie der Evangelist berichtet (vgl. Lk 1,39), und „eilte“ zum Haus der Kusine, um sich ihr in einem Augenblick, in dem es besonders notwendig war, zur Verfügung zu stellen. Wie sollte man nicht bemerken, daß es bei der Begegnung zwischen der jungen Maria und der schon reifen Elisabeth vor allem Jesus ist, der im Verborgenen handelt? Maria trägt ihn in ihrem Leib wie in einem Tabernakel und bietet ihn Zacharias, seiner Frau Elisabeth und auch dem Kind, das in deren Schoß heranwächst, als das größte Geschenk an. „In dem Augenblick, als ich deinen Gruß hörte, hüpfte das Kind vor Freude in meinem Leib“, sagt die Mutter Johannes' des Täufers (Lk 1,44).

ANSPRACHE, 31. MAI 2006

3. JULI

THOMAS, APOSTEL

[Der hl. Apostel Thomas wird] uns vor allem im Johannesevangelium näher vorgestellt [...]. Geradezu sprichwörtlich ist er uns als der „ungläubige Thomas“ bekannt, der nach der Auferstehung darauf besteht, seinen Finger in die Male der Nägel und seine Hand in die Seite Jesu zu legen (vgl. Joh 20,25). Doch durch die Gnade Gottes wird aus dem zweifelnden Thomas ein sehender und ein bekennender: Die Wundmale Christi bezeugen seine übergroße Liebe, und Thomas bekennt aus ganzem Herzen: „Mein Herr und mein Gott!“ (Joh 20,28). Auch die anderen beiden Stellen, an denen der Apostel Thomas im Johannesevangelium zu Wort kommt, zeigen uns, daß das Leben eines Apostels ganz auf Christus ausgerichtet ist. Viele Jünger hatten Angst, mit Jesus nach Bethanien bei Jerusalem zu gehen, doch Thomas sagt: „Laßt uns mit ihm gehen, um mit ihm zu sterben“ (Joh 11,16). Nichts ist wichtiger, als Jesus nachzufolgen und ganz bei ihm zu sein! Denn Jesus sagt selbst beim letzten Abendmahl zu Thomas: „Ich bin der Weg, die Wahrheit und das Leben“ (Joh 14,6).

GENERALAUDIENZ, 27. SEPTEMBER 2006

4. Juli

Es gibt viele Dinge, die wir nicht sehen, die aber doch existieren und wesentlich sind. Wir sehen zum Beispiel unsere Vernunft nicht, und doch sind wir mit Vernunft begabt. Wir sehen unseren Verstand nicht, und doch haben wir ihn. Wir sehen, mit einem Wort gesagt, unsere Seele nicht, und doch existiert sie, aber wir sehen die Wirkungen, denn wir können sprechen, denken, entscheiden usw. Wir sehen zum Beispiel auch den elektrischen Strom nicht, und doch sehen wir, daß es ihn gibt, denn wir sehen, wie dieses Mikrophon funktioniert; wir sehen die Lichter. Mit einem Wort: Gerade die tiefsten Dinge, die wirklich das Leben und die Welt stützen, sehen wir nicht, aber wir können die Wirkungen sehen und fühlen. Die Elektrizität, den elektrischen Strom sehen wir nicht, aber wir sehen das Licht. Und so fort. Und deshalb sehen wir auch den auferstandenen Herrn nicht mit unseren Augen, aber wir sehen, daß dort, wo Jesus ist, die Menschen sich ändern, daß sie sich bessern. Es entsteht eine größere Fähigkeit zu Frieden und Versöhnung usw. Wir sehen also nicht den Herrn selbst, aber wir sehen die Wirkungen. So können wir erkennen, daß Jesus gegenwärtig ist.

Begegnung, 15. Oktober 2005

5. Juli

Der Glaube an Jesus, den Sohn des lebendigen Gottes, ist das Mittel, durch das wir immer wieder von neuem die Hand Jesu ergreifen und durch das er unsere Hände ergreift und uns führt. Eines meiner Lieblingsgebete ist die Bitte, die uns die Liturgie vor der Kommunion auf die Lippen legt: „Laß nicht zu, daß ich je von dir getrennt werde“. Wir bitten darum, niemals von der Gemeinschaft mit seinem Leib, mit Christus selbst, getrennt zu werden; wir bitten darum, niemals vom eucharistischen Geheimnis getrennt zu werden. Wir bitten darum, daß er unsere Hand niemals losläßt ...

Predigt, 13. April 2006

6. Juli

Der Glaube ist ein sehr persönlicher menschlicher Akt, der in zwei Dimensionen verwirklicht wird. Glauben heißt zuallererst, als Wahrheit anzunehmen, was unser Verstand nicht bis ins letzte erfaßt. Man muß das annehmen, was Gott uns offenbart, über sich selbst, über uns und über die Wirklichkeit, die uns umgibt, auch die unsichtbare, unaussprechliche, unvorstellbare Wirklichkeit. Dieser Akt der Annahme der geoffenbarten Wirklichkeit erweitert den Horizont unseres Wissens und erlaubt uns, zu dem Geheimnis zu gelangen, in das unser Dasein eingetaucht ist. Man gibt nicht leicht seine Zustimmung zu einer solchen Begrenzung der Vernunft. Und eben hier zeigt sich der Glaube in seiner zweiten Dimension: derjenigen, sich einer Person anzuvertrauen – nicht einer gewöhnlichen Person, sondern Christus. Woran wir glauben, ist wichtig, aber noch wichtiger ist, wem wir glauben.

Predigt, 28. Mai 2006

7. Juli

Wenn es Gott nicht gibt, dann ist das Leben leer, ist die Zukunft leer. Wenn es Gott aber gibt, ändert sich alles, das Leben ist Licht, unsere Zukunft ist Licht, wir haben einen Orientierungspunkt dafür, wie wir leben sollen. Glauben ist somit die grundlegende Orientierung unseres Lebens. Glauben, sagen: „Ja, ich glaube, daß du Gott bist, ich glaube, daß du in deinem menschgewordenen Sohn unter uns gegenwärtig bist", gibt meinem Leben Orientierung, veranlaßt mich, mich an Gott zu binden, mich mit ihm zu vereinen und so den Ort zu finden, wo ich leben will, und die Art und Weise, wie ich leben will. Glauben ist nicht nur eine Denkweise, eine Idee; es ist, wie ich bereits angedeutet habe, eine Handlungs-, eine Lebensweise. Glauben bedeutet, dem vom Wort Gottes vorgegebenen Weg folgen.

Predigt, 15. August 2006

8. Juli

Die Sache mit dem Menschen geht nicht auf ohne Gott, und die Sache mit der Welt, dem ganzen Universum, geht nicht auf ohne ihn. Letztlich kommt es auf die Alternative hinaus: Was steht am Anfang: die schöpferische Vernunft, der Schöpfergeist, der alles wirkt und sich entfalten läßt oder das Unvernünftige, das vernunftlos sonderbarerweise einen mathematisch geordneten Kosmos hervorbringt und auch den Menschen, seine Vernunft. Aber die wäre dann nur ein Zufall der Evolution und im letzten also doch auch etwas Unvernünftiges. Wir Christen sagen: Ich glaube an Gott, den Schöpfer des Himmels und der Erde – an den Schöpfer Geist. Wir glauben, daß das ewige Wort, die Vernunft am Anfang steht und nicht die Unvernunft. Mit diesem Glauben brauchen wir uns nicht zu verstecken, mit ihm brauchen wir nicht zu fürchten, uns auf einem Holzweg zu befinden.

Predigt, 12. September 2006

9. Juli

Im Christentum geht es nicht um ein riesiges Gepäck von disparaten Sachen, sondern alles, was das Glaubensbekenntnis sagt und was die Glaubensentwicklung entfaltet hat, ist doch nur da, um uns das Gesicht Gottes deutlicher zu machen. Er ist und er lebt; ihm glauben wir; ihm gegenüber, auf ihn hin, im Mitsein mit ihm und von ihm her leben wir. Und in Jesus Christus ist er sozusagen körperlich mit uns. Diese Zentralität Gottes muß, wie ich meine, in all unserem Denken und Tun ganz neu erscheinen. Das beseelt dann auch die Aktivitäten, die sonst leicht in Aktivismus verfallen und leer werden können. Das ist das eine: daß der Glaube entscheidend wirklich auf Gott hinschaut und uns auf Gott hinschauen, auf ihn hin in Bewegung kommen läßt.

Ansprache, 7. November 2006

10. Juli

Viele nähern sich Jesus sozusagen von außen. Bedeutende Gelehrte anerkennen seine geistliche und moralische Größe und seinen Einfluß auf die Geschichte der Menschheit, indem sie ihn mit Buddha, Konfuzius, Sokrates und anderen großen und weisen Persönlichkeiten der Geschichte vergleichen. Aber es gelingt ihnen nicht, ihn in seiner Einzigkeit zu erkennen. Es kommt einem in den Sinn, was Jesus während des Letzten Abendmahls zu Philippus gesagt hat: „Schon so lange bin ich bei euch und du hast mich noch nicht erkannt, Philippus?" (Joh 14,9). Jesus wird oft auch als ein großer Religionsstifter betrachtet, von dem jeder etwas nehmen kann, um sich eine eigene Überzeugung zu bilden. Wie damals, so haben also auch heute die „Leute" unterschiedliche Meinungen über Jesus. Und wie damals richtet Jesus auch an uns, die Jünger von heute, die Frage: „Ihr aber, für wen haltet ihr mich?" Wir wollen uns die Antwort des Petrus zu eigen machen. Im Markusevangelium antwortet er: „Du bist der Messias!" (8,29).

Predigt, 29. Juni 2007

11. Juli

Benedikt von Nursia, Mönchsvater, Schutzpatron Europas

Benedikt gründete nicht eine klösterliche Einrichtung, die in erster Linie auf die Evangelisierung der Barbarenvölker abzielte, so wie andere bedeutende Missionsmönche seiner Zeit dies getan haben, sondern er nannte seinen Schülern als wesentlichen, ja einzigen Zweck des Daseins die Suche nach Gott: „Quaerere Deum". Er wußte jedoch, daß der Gläubige, wenn er in eine tiefe Beziehung zu Gott tritt, sich nicht mit einem mittelmäßigen Leben im Zeichen einer minimalistischen Ethik und einer oberflächlichen Religiosität begnügen kann. In diesem Licht gelangen wir zu einem besseren Verständnis des Ausdrucks, den Benedikt vom hl. Cyprian entlieh und der in seiner Regel (IV,21) das Lebensprogramm der Mönche zusammenfaßt: „Nihil amori

Christi praeponere – Der Liebe zu Christus nichts vorziehen". Darin besteht die Heiligkeit, ein Vorschlag, der sich an jeden Christen richtet und der zu einer echten pastoralen Notwendigkeit geworden ist in unserer Zeit, in der man das Bedürfnis verspürt, das Leben und die Geschichte in soliden geistlichen Bezugspunkten zu verankern.

ANGELUS, 10. JULI 2005

12. JULI

Wir Christen brauchen keine Angst vor der geistigen Konfrontation mit einer Gesellschaft zu haben, hinter deren zur Schau gestellter intellektueller Überlegenheit sich doch Ratlosigkeit angesichts der letzten existentiellen Fragen verbirgt. Die Antworten, die die Kirche aus dem Evangelium des menschgewordenen Logos schöpft, haben sich fürwahr in den geistigen Auseinandersetzungen zweier Jahrtausende bewährt; sie sind von bleibender Gültigkeit. Von diesem Bewußtsein bestärkt können wir zuversichtlich all denen Rede und Antwort stehen, die uns nach dem Grund der Hoffnung fragen, die uns erfüllt (vgl. 1 Petr 3,15). Dies gilt auch für unseren Umgang mit den Angehörigen anderer Religionen, vor allem den vielen Muslimen, die in Deutschland leben, und denen wir mit Respekt und Wohlwollen begegnen.

ANSPRACHE, 10. NOVEMBER 2006

13. JULI

HEINRICH II., KAISER, UND KUNIGUNDE, KAISERIN

An diese Sendung, die Welt im Geiste Christi zu gestalten, gemahnt Euch ein überaus kostbarer Zeuge der tausendjährigen Bamberger Geschichte: der Sternenmantel des heiligen Kaisers Heinrich. In seinem Mittelpunkt steht das Bild des herrscherlichen Christus. Um ihn herum gruppieren sich die Bilder von Bischöfen und Heiligen und vor allem die den Kosmos darstellenden Sternbilder und sagen uns: Christus ist der Herrscher des Alls. Dieser Mantel ruhte auf den

Schultern des Kaisers als sichtbares Zeichen seiner Würde und Sendung. Denn das Amt des Kaisers diente dem Auftrag der Kirche, der Herrschaft Christi in der Welt der Menschen den Weg zu bereiten: dem Reich der Wahrheit und des Lebens, der Heiligkeit und der Gnade, dem Reich der Gerechtigkeit, der Liebe und des Friedens. An dieser Sendung hat jeder getaufte und gefirmte Christ als Glied des Volkes Gottes, des auserwählten Geschlechts und der königlichen Priesterschaft (vgl. 1 Petr 2,9), ganz persönlich Anteil.

Botschaft, 22. Oktober 2006

14. Juli

Bei [dem] Bemühen, die Botschaft Christi kennenzulernen und zum Leitbild des eigenen Lebens zu machen, gilt es daran zu erinnern, daß sich die Evangelisierung immer zusammen mit der Förderung des Menschen und der echten christlichen Befreiung entfaltet hat. „Gottes- und Nächstenliebe verschmelzen: Im Geringsten begegnen wir Jesus selbst, und in Jesus begegnen wir Gott selbst“ (Deus caritas est 15). Aus demselben Grund wird auch eine soziale Katechese und eine entsprechende Unterweisung in der Soziallehre der Kirche erforderlich sein, wofür das Kompendium der Soziallehre der Kirche sehr nützlich ist. Das christliche Leben drückt sich nicht nur in den persönlichen, sondern auch in den sozialen und politischen Tugenden aus.

Ansprache, 13. Mai 2007

15. Juli

Die Soziallehre der Kirche argumentiert von der Vernunft und vom Naturrecht her, das heißt von dem aus, was allen Menschen wesensgemäß ist. Und sie weiß, daß es nicht Auftrag der Kirche ist, selbst diese Lehre politisch durchzusetzen: Sie will der Gewissensbildung in der Politik dienen und helfen, daß die Hellsichtigkeit für die wahren Ansprüche der Gerechtigkeit wächst und zugleich auch die Bereitschaft, von ihnen her zu handeln, selbst wenn das verbreiteten Interessenlagen widerspricht. Das bedeutet aber: Das Erbauen einer gerechten Gesellschafts- und Staatsordnung, durch die jedem das Seine wird, ist eine grundlegende Aufgabe, der sich jede Generation neu stellen muß. Da es sich um eine politische Aufgabe handelt, kann dies nicht der unmittelbare Auftrag der Kirche sein. Da es aber zugleich eine grundlegende menschliche Aufgabe ist, hat die Kirche die Pflicht, auf ihre Weise durch die Reinigung der Vernunft und durch ethische Bildung ihren Beitrag zu leisten, damit die Ansprüche der Gerechtigkeit einsichtig und politisch durchsetzbar werden.

DEUS CARITAS EST 28

16. JULI

UNSERE LIEBE FRAU AUF DEM BERGE KARMEL

An den Abhängen des Karmel, eines hohen Vorgebirges, das sich entlang der Ostküste des Mittelmeers genau auf der Höhe von Galiläa erstreckt, befinden sich zahlreiche natürliche Höhlen, die bevorzugte Wohnstätten von Einsiedlern waren. Der Bekannteste dieser Gottesmänner war der große Prophet Elija, der im 9. Jahrhundert v. Chr. die Reinheit des Glaubens an den einen und wahren Gott mutig gegen den Einfluß der Götzenkulte verteidigte. Unter Anlehnung an die Gestalt des Elija entstand der kontemplative Orden der Karmeliten, eine religiöse Familie, die bedeutende Heilige unter ihre Mitglieder zählt, wie Theresia von Avila, Johannes vom Kreuz, Theresia vom Kinde Jesu und Theresia Benedicta vom Kreuz (mit bürgerlichem Namen Edith Stein). Die Karmeliten haben die Verehrung Unserer Lieben Frau vom Berge Karmel unter den Christen verbreitet und sie als Vorbild des Gebets, der Kontemplation und der Hingabe an Gott herausgestellt.

ANGELUS, 16. JULI 2006

17. Juli

Die Kirche ist nicht von sich aus heilig; sie besteht in der Tat aus Sündern – das wissen wir, und das sehen wir alle. Sie wird vielmehr immer aufs neue vom Heiligen Gottes, von der reinigenden Liebe Christi geheiligt. Gott hat nicht nur gesprochen: Er hat uns sehr realistisch geliebt, geliebt bis hin zum Tod des eigenen Sohnes. Von daher zeigt sich uns die ganze Größe der Offenbarung, die alle Wunden gleichsam in das Herz Gottes eingeschrieben hat. Nun kann jeder von uns persönlich mit dem hl. Paulus sagen: „Ich lebe im Glauben an den Sohn Gottes, der mich geliebt und sich für mich hingegeben hat“ (Gal 2,20). Bitten wir den Herrn, daß sich die Wahrheit dieses Wortes mit ihrer Freude und ihrer Verantwortung tief in unser Herz einprägt; bitten wir, daß sie, ausstrahlend von der Eucharistiefeier, immer mehr zu der Kraft wird, die unser Leben gestaltet.

Predigt, 29. Juni 2005

18. Juli

Eine Gemeinschaft, die von Christus erlöst ist: das ist das wahre Wesen der Kirche, die sich aus Seinem Wort und aus Seinem eucharistischen Leib nährt. Nur wenn sie das Geschenk, das sie empfangen hat, als solches wiederentdeckt, kann die Kirche allen Menschen Christus, den Erlöser, bezeugen; das tut sie mit Begeisterung und Leidenschaft, in voller Achtung vor jeder kulturellen und religiösen Tradition; das tut sie mit Freude, da sie weiß, daß Er, den sie verkündet, nichts wegnimmt, was wirklich menschlich ist, sondern es zur Vollendung führt. In Wahrheit kommt Christus, um allein das Böse zu vernichten, allein die Sünde; das andere, alles andere erhebt Er und vervollkommnet Er. Christus erlöst uns nicht von unserem Menschsein, sondern durch das Menschsein, er erlöst uns nicht von der Welt, sondern er ist in die Welt gekommen, damit die Welt durch ihn gerettet wird (vgl. Joh 3,17).

Urbi et orbi, 25. Dezember 2006

19. Juli

Die Konstitution „Lumen gentium“ des Zweiten Vatikanischen Konzils beschreibt die Kirche als „das von der Einheit des Vaters und des Sohnes und des Heiligen Geistes her geeinte Volk“ (Nr. 4), in dem sich das Geheimnis Gottes widerspiegelt. Daher kommt in ihm die trinitarische Liebe zum Ausdruck und bilden dank des Wirkens des Heiligen Geistes alle seine Glieder „einen Leib und einen Geist“ in Christus. Vor allem wenn es sich zur Eucharistie versammelt, lebt dieses Volk, organisch gegliedert unter der Leitung seiner Hirten, das Geheimnis der Gemeinschaft mit Gott und mit den Brüdern. Die Eucharistie ist die Quelle jener kirchlichen Einheit, für die Jesus am Vorabend seines Leidens gebetet hat: Vater, auch sie sollen „in uns sein, damit die Welt glaubt, daß du mich gesandt hast (Joh 17,21)“.

Botschaft, 10. Februar 2007

20. Juli

Der Herr beruft die Priester, Ordensleute und die Laien, hineinzugehen in die Welt und ihre vielschichtige Wirklichkeit, und dort am Aufbau des Reiches Gottes mitzuwirken. Sie tun das in einer großen und bunten Vielfalt: in der Verkündigung, im Aufbau von Gemeinden, in den verschiedenen pastoralen Diensten, in der tätigen Liebe und gelebten Caritas, in der aus apostolischem Geist geleisteten Forschung und Wissenschaft, im Dialog mit der uns umgebenden Kultur, in der Förderung der von Gott gewollten Gerechtigkeit und nicht weniger in der zurückgezogenen Kontemplation des dreifaltigen Gottes und im gemeinsamen Gotteslob ihrer Gemeinschaft.

Ansprache, 8. September 2007

21. Juli

Alles fließt aus dem Herzen des himmlischen Vaters, der die Welt so sehr geliebt hat, daß er seinen einzigen Sohn hingab, damit jeder, der an ihn glaubt, nicht zugrunde geht, sondern das ewige Leben hat (vgl. Joh 3,16). Durch das Geheimnis der Menschwerdung ist der einzige Sohn zum wahren und höchsten Mittler eingesetzt worden. In ihm, der gestorben und auferstanden ist, erreicht die fürsorgliche Liebe des Vaters jeden Menschen in den Formen und auf den Wegen, die nur Er kennt. Aufgabe der Kirche ist es, diese göttliche Liebe unablässig zu vermitteln, dank dem lebendig machenden Wirken des Heiligen Geistes. Denn der Geist ist es, der das Leben der Gläubigen dadurch verwandelt, daß er sie von der Knechtschaft der Sünde und des Todes befreit und sie fähig macht, Zeugnis zu geben von der barmherzigen Liebe Gottes, der die Menschheit in seinem Sohn zu einer großen Familie machen will (vgl. Deus caritas est 19).

Ansprache, 11. März 2006

22. Juli

Die Abschnitte der Evangelien, die von den Erscheinungen des Auferstandenen berichten, schließen gewöhnlich mit der Aufforderung, jede Ungewißheit zu überwinden, das Ereignis mit der Heiligen Schrift zu vergleichen, zu verkünden, daß Jesus jenseits des Todes der auf ewig Lebendige ist, Quelle neuen Lebens für all diejenigen, die glauben. So geschieht es zum Beispiel im Fall der Maria Magdalena (vgl. Joh 20,11–18), die das Grab offen und leer vorfindet und sofort fürchtet, daß der Leichnam des Herrn weggebracht worden sei. Da ruft sie der Herr beim Namen, und in diesem Augenblick vollzieht sich in ihr ein tiefgreifender Wandel: Die Mutlosigkeit und Verunsicherung verwandeln sich in Freude und Begeisterung. Sie begibt sich eilends zu den Aposteln und verkündet: „Ich habe den Herrn gesehen" (Joh 20,18). So ist es: Wer dem auferstandenen Jesus begegnet, wird innerlich verwandelt; man kann den Auferstandenen nicht „sehen", ohne an ihn zu „glauben".

Generalaudienz, 19. April 2006

23. Juli

Birgitta von Schweden, Ordensgründerin, Schutzpatronin Europas

Heute feiern wir das Fest der hl. Birgitta, einer der Heiligen, die von Papst Johannes Paul II. zu Patroninnen Europas erklärt wurden. Die hl. Birgitta kam aus Schweden nach Italien, lebte in Rom und unternahm auch eine Pilgerreise ins Heilige Land. Durch ihr Zeugnis spricht sie zu uns von der Öffnung gegenüber anderen Völkern und Zivilisationen. Bitten wir sie darum, der heutigen Menschheit zu helfen, große Räume des Friedens zu schaffen. Möge sie vom Herrn vor allem den Frieden im Heiligen Land erlangen, das sie besonders tief verehrte und liebte. Auch ich vertraue die ganze Menschheit der Kraft der göttlichen Liebe an und lade alle ein, dafür zu beten, daß die geliebten Völker des Nahen Ostens den Weg der bewaffneten Auseinandersetzung verlassen und durch mutigen Dialog einen gerechten und dauerhaften Frieden aufbauen können. Maria, die Königin des Friedens, möge für uns bitten!

Angelus, 23. Juli 2006

24. Juli

Die Suche nach Reform kann leicht in einen äußerlichen Aktivismus abgleiten, wenn die Handelnden nicht ein echtes geistliches Leben führen und die Beweggründe für ihr Tun nicht beständig im Licht des Glaubens prüfen. Dies gilt für alle Glieder der Kirche: für Bischöfe, Priester, Diakone, Ordensleute und alle Gläubigen. [...] Es geht darum – und dies ist sicher auch eine tägliche Aufgabe für jeden Christen –, vom eigenen Ich abzusehen und sich selbst dem liebenden und fragenden Blick Jesu auszusetzen.

Ansprache, 18. November 2006

[...] betrachten wir heute Jakobus, den Bruder des Johannes. Jakobus, mit dem Beinamen „der Ältere“ in Unterscheidung zum anderen Apostel gleichen Namens, nimmt in der Erzählung von der Berufung der ersten Jünger den dritten Platz nach Petrus und Andreas ein. Er steht aber an zweiter Steller der drei ausgewählten Apostel, die den Herrn bei besonderen Ereignissen begleiten: Zusammen mit Petrus und Johannes ist Jakobus Zeuge der Auferweckung der Tochter des Jaïrus, der Verklärung Jesu und von dessen Todesangst im Garten Gethsemani. Christus gibt Jakobus und seinem Bruder Johannes den Beinamen „Donnersöhne“ – offenbar im Hinblick auf ihren ungestümen Eifer. In der Tat beanspruchen die beiden die Plätze rechts und links vom Herrn in seinem Reich; und für die ungastlichen Samariter fordern sie ein Strafgericht. Jesus weist sie zurecht und läutert ihren Eifer. Schließlich ist Jakobus der erste der Zwölf, der im Martyrium sein Leben für Christus hingibt, wie uns die Apostelgeschichte berichtet. Das Grab dieses großen Apostels, das nach alter Tradition in Santiago de Compostela verehrt wird, ist bis heute Ziel unzähliger Pilger.

GENERALAUDIENZ, 21. JUNI 2006

26. JULI

Der Herr geht zum Haus des Simon Petrus und des Andreas und findet die Schwiegermutter des Petrus fieberkrank vor; er nimmt sie an der Hand, richtet sie auf, und die Frau ist geheilt und beginnt, für sie zu sorgen. [...] Sie beginnt sofort zu arbeiten, sich anderen Menschen zur Verfügung zu stellen, und vertritt so die vielen guten Frauen, Mütter, Großmütter und berufstätigen Frauen, die sich zur Verfügung stellen, aufstehen und anderen dienen, und die Seele der Familie, Seele der Pfarrgemeinde sind. [...] Die Frauen sind auch die ersten Botinnen des Gotteswortes im Evangelium, sie sind wahre Evangelistinnen. Und es scheint mir, daß dieses Evangelium [...] uns [...] Gelegenheit gibt, all den Frauen, die [die] Pfarrgemeinde beseelen, tiefempfundenen Dank auszusprechen, den Frauen, die Dienste in allen Bereichen verrichten, die uns immer wieder helfen, das Wort Gottes nicht nur mit dem Verstand, sondern auch mit dem Herzen kennenzulernen [vgl. Markus 1,30–31].

PREDIGT, 5. FEBRUAR 2006

27. JULI

Ihr Laien seid auch heute dazu berufen, das Evangelium in eurem Leben Fleisch werden zu lassen und durch einen großherzigen und tatkräftigen Dienst für das Wohl des Volkes und die Entwicklung des Landes Zeugnis zu geben: und diesen Auftrag erfüllt ihr mit einem Leben als ehrliche Bürger und als aktive und mitverantwortliche Mitarbeiter bei der Verbreitung des Wortes Gottes in eurer ländlichen oder städtischen Umgebung. Ihr [chinesischen Laien], die ihr in der jüngsten Vergangenheit mutige Glaubenszeugen gewesen seid, bleibt die Hoffnung der Kirche für die Zukunft!

BRIEF, 27. MAI 2007

28. JULI

Wenn manchmal gesagt wird, die Laien könnten sich in der Kirche nicht genug einbringen, so liegt eine verengende Fixierung auf die Mitarbeit in kirchlichen Leitungsgremien, auf hauptamtliche Stellen in kirchlich finanzierten Strukturen oder auf die Ausübung bestimmter liturgischer Funktionen zugrunde. Auch diese Bereiche haben selbstverständlich ihre Bedeutung. Aber darüber darf man nicht das weite und offene Feld des dringend notwendigen Laienapostolats und seine vielfältigen Aufgaben vergessen: die Verkündigung der Frohbotschaft an Millionen von Mitbürgern, die Christus und seine Kirche noch nicht kennen; die Katechese für Kinder und Erwachsene in unseren Pfarrgemeinden; die karitativen Dienste; die Medienarbeit sowie das gesellschaftliche Engagement für einen umfassenden Schutz des menschlichen Lebens, für die soziale Gerechtigkeit und in christlichen Kulturinitiativen. An Aufgaben für engagierte katholische Laien fehlt es fürwahr nicht, aber vielleicht mangelt uns heute manchmal der missionarische Geist, die Kreativität und der Mut, um auch neue Pfade zu beschreiten.

Ansprache, 18. November 2006

29. Juli

Wer auf das Wort Gottes hört, kann und muß dann davon sprechen und es weitergeben an die anderen, an diejenigen, die es noch nie gehört haben, oder an jene, die es vergessen oder unter den Dornen der Sorgen und Täuschungen der Welt begraben haben (vgl. Mt 13,22). Wir müssen uns fragen: Sind wir Christen nicht vielleicht zu taub geworden? Fehlt uns nicht vielleicht der Mut, zu sprechen und Zeugnis zu geben, wie es die Zeugen der Heilung des Taubstummen in der Dekapolis getan haben? [vgl. Mk 7,31–37] Unsere Welt braucht dieses Zeugnis; sie wartet vor allem auf das gemeinsame Zeugnis der Christen.

Predigt, 25. Januar 2007

30. Juli

Die Treue und der Mut, mit denen die Kirche [...] auf die von einer zunehmend säkularen und materialistischen Kultur gestellten Herausforderungen antworten wird, werden zum großen Teil abhängen von eurer eigenen Treue bei der Weitergabe des Schatzes des katholischen Glaubens. Die jungen Menschen brauchen Hilfe, um den Weg zu erkennen, der zur wahren Freiheit führt: den Weg einer aufrichtigen und großherzigen Nachfolge Christi, den Weg des Einsatzes für Gerechtigkeit und Frieden. [...] Die Herausforderungen, vor denen wir stehen, erfordern eine verständliche und korrekte Unterrichtung in den Glaubenswahrheiten. Aber zugleich erfordern sie auch die Pflege einer Geisteshaltung, einer intellektuellen „Kultur“, die wirklich katholisch ist, die auf die tiefe zwischen Vernunft und Glauben bestehende Harmonie vertraut sowie fähig und bereit ist, den Reichtum der Sicht des Glaubens zur Wirkung zu bringen in bezug auf die dringenden Fragen, die die Zukunft der amerikanischen Gesellschaft betreffen.

PREDIGT, 17. APRIL 2008

31. JULI — IGNATIUS VON LOYOLA, PRIESTER, ORDENSGRÜNDER

[Es gibt ein] Gebet des hl. Ignatius von Loyola, das mir immer wieder so zu groß ist, daß ich es fast nicht zu beten wage, und das wir uns doch immer neu abringen sollten: „Nimm hin, Herr, und empfange meine ganze Freiheit, mein Gedächtnis, meinen Verstand und meinen ganzen Willen, all mein Haben und mein Besitzen. Du hast es mir gegeben; Dir, Herr, gebe ich es zurück. Alles ist Dein, verfüge nach Deinem ganzen Willen. Gib mir nur Deine Liebe und Deine Gnade, dann bin ich reich genug und verlange weiter nichts.“

ANSPRACHE, 8. SEPTEMBER 2007

August

1. August

Die Schönheit der Natur erinnert uns daran, daß wir von Gott dazu bestellt worden sind, diesen „Garten", der die Erde ist, zu „bebauen und zu hüten" (vgl. Gen 2,8–17): [...] Denn wenn die Menschen in Frieden mit Gott und untereinander leben, gleicht die Erde wirklich einem „Paradies". Die Sünde verdirbt leider immer von neuem diesen göttlichen Plan, indem sie Spaltungen hervorbringt und den Tod in die Welt eintreten läßt. So kommt es, daß die Menschen den Versuchungen des Bösen nachgeben und einander bekriegen. Die Folge ist, daß in diesem wunderbaren „Garten", der die Welt ist, sich auch Räume der „Hölle" öffnen. Inmitten dieser Schönheit dürfen wir nicht die Situationen vergessen, in denen sich manchmal unsere Brüder und unsere Schwestern befinden.

Angelus, 22. Juli 2007

2. August

Angesichts dieses Schauspiels von Wiesen, Wäldern und zum Himmel aufragenden Gipfeln steigt spontan in der Seele der Wunsch auf, Gott für seine wunderbaren Werke zu loben, und unsere Bewunderung für diese Schönheiten der Natur wird hier leicht zum Gebet. Jeder gute Christ weiß, daß der Urlaub eine günstige Zeit ist, um den Leib zu entspannen und den Geist umfassend für das Gebet und die

Betrachtung zu nähren, um in der persönlichen Beziehung mit Christus zu wachsen und immer mehr seinen Lehren zu folgen.

ANGELUS, 15. JULI 2007

3. AUGUST

Der Hinweis auf das Licht verweist den Christen auf das fleischgewordene Wort, Licht der Welt, das den Menschen in all seinen Dimensionen, einschließlich der des Sports, erleuchtet. Es gibt nichts Menschliches - abgesehen von der Sünde -, das der Sohn Gottes durch seine Menschwerdung nicht erhöht hätte. „Mit Menschenhänden hat er gearbeitet, mit menschlichem Geist gedacht, mit einem menschlichen Willen hat er gehandelt, mit einem menschlichen Herzen geliebt", wie vor über 40 Jahren auch das Zweite Vatikanische Konzil in der Konstitution „Gaudium et spes" (Nr. 22) betonte. Wie all die verschiedenen menschlichen Tätigkeiten muß auch der Sport von Gott durch Christus erleuchtet werden, damit die Werte, die er zum Ausdruck bringt, gereinigt und sowohl auf individueller als auch auf kollektiver Ebene erhöht werden.

BOTSCHAFT, 29. NOVEMBER 2005

4. AUGUST

Das Gebet ist ein Schmelztiegel, in dem unsere Erwartungen und Bestrebungen dem Licht des Wortes Gottes ausgesetzt werden; sie werden in das Gespräch mit ihm hineingenommen, der die Wahrheit ist, und werden von heimlichen Lügen und Kompromissen, den verschiedenen Formen des Egoismus, gereinigt (vgl. Spe salvi 33). Ohne die Dimension des Gebets verschließt sich das menschliche Ich letztlich in sich selbst, und das Gewissen, das Echo der Stimme Gottes sein sollte, läuft Gefahr, zum Spiegel des Ichs zu werden, so daß das innere Gespräch ein Monolog wird und tausend Selbstrechtfertigungen vorbringt. Das Gebet ist deshalb

Garantie für die Öffnung zu den anderen: Wer sich für Gott und seine Ansprüche frei macht, öffnet sich zugleich dem andern, dem Bruder, der an die Tür unseres Herzens klopft und um Gehör, Aufmerksamkeit, Vergebung bittet, manchmal auch um Zurechtweisung, aber immer in brüderlicher Nächstenliebe.

Predigt, 6. Februar 2008

5. August — Weihe der Basilika Santa Maria Maggiore in Rom

Dieses Gedicht Marias – das Magnifikat – ist vollkommen neuartig; dennoch ist es zugleich ein „Gewebe", das ganz aus „Fäden" des Alten Testaments besteht, aus dem Wort Gottes. Und so sehen wir, daß Maria sozusagen im Wort Gottes „zu Hause" war, vom Wort Gottes lebte und vom Wort Gottes durchdrungen war. In dem Maß, in dem sie mit den Worten Gottes sprach, mit ihnen dachte, waren ihre Gedanken die Gedanken Gottes, waren ihre Worte die Worte Gottes. Sie war vom göttlichen Licht durchdrungen und deshalb war sie so leuchtend, so gütig, so strahlend vor Liebe und Güte. Maria lebt vom Wort Gottes, sie ist vom Wort Gottes durchdrungen. Und dieses Eingetaucht-Sein in das Wort Gottes, diese vollständige Vertrautheit mit ihm schenkt ihr auch das innere Licht der Weisheit. Wer mit Gott denkt, denkt gut, und wer mit Gott spricht, spricht gut. Er hat Urteilskriterien, die für alle Dinge dieser Welt gelten. Er wird klug, weise und gleichzeitig gut; er wird auch stark und mutig mit der Kraft Gottes, die dem Bösen widersteht und das Gute in der Welt fördert.

Predigt, 15. August 2005

6. August — Verklärung des Herrn

Die Magier beteten das Kind von Bethlehem an, weil sie in ihm den verheißenen Messias erkannten, den eingeborenen Sohn des Vaters; „in ihm allein", schreibt der hl. Paulus, „wohnt wirklich die ganze Fülle Gottes" (Kol 2,9). Eine ähnliche Erfahrung machten in gewisser Weise die Jünger Petrus, Jakobus und Johannes, wie uns das Fest der Verklärung in Erinnerung ruft [...]: Ihnen hat Jesus auf dem Berg Tabor seine göttliche Herrlichkeit offenbart und den endgültigen Sieg über den Tod angekündigt. Durch das Ostergeschehen wird der gekreuzigte und auferstandene Christus später seine Gottheit vollends kundtun und allen Menschen das Geschenk seiner erlösenden Liebe anbieten.

Die Heiligen sind diejenigen, die dieses Geschenk angenommen haben und zu echten Anbetern des lebendigen Gottes geworden sind, indem sie ihn jeden Augenblick ihres Lebens vorbehaltlos geliebt haben.

ANGELUS, 7. AUGUST 2005

7. AUGUST

Der Seher der Offenbarung spricht von einer versöhnten Welt. Von einer Welt, in der Menschen „aus allen Nationen und Stämmen, Völkern und Sprachen" in Freude miteinander vereint sind [Offb 7,9]. Und da fragen wir uns: „Wie geht das zu? Was ist der Weg dahin?" Nun, das erste und Wichtigste ist: Diese Menschen leben mit Gott zusammen; er hat „sein Zelt über ihnen aufgeschlagen" [Offb 7,15]. Da fragen wir uns weiter: „Was ist das, das „Zelt Gottes"? Wo ist es? Wie kommen wir dahin?" Der Seher spielt da wohl auf das erste Kapitel des Johannesevangeliums an, wo es heißt: Das Wort ist Fleisch geworden und hat sein Zelt unter uns aufgeschlagen (Joh 1,14). Gott ist nicht weit weg von uns, irgendwo im fernen Weltraum, wo niemand hinkommen kann. Er hat sein Zelt aufgeschlagen bei uns: In Jesus ist er einer von uns geworden, mit Leib und Blut wie wir. Das ist sein Zelt. Und er ist bei der Himmelfahrt nicht irgendwohin weit weggegangen. Sein Zelt, er selbst mit seinem Leib als einer von uns bleibt bei uns. Wir können du zu ihm sagen, mit ihm reden. Er hört auf uns, und wenn wir aufmerksam sind, hören wir auch, daß er Antworten gibt.

PREDIGT, 10. SEPTEMBER 2006

8. August

Dominikus, Priester, Ordensgründer

Das traditionelle Bild der Gottesmutter vom Rosenkranz stellt Maria dar, wie sie in dem einen Arm das Jesuskind hält und mit dem anderen dem hl. Dominikus den Rosenkranz reicht. Diese bedeutsame Ikonographie zeigt, daß der Rosenkranz ein von der Jungfrau geschenktes Mittel ist, um auf Jesus zu schauen und ihn durch die Betrachtung seines Lebens zu lieben und ihm immer treuer nachzufolgen. Das ist der Auftrag, den die Gottesmutter auch bei verschiedenen Erscheinungen hinterlassen hat.

Angelus, 7. Oktober 2007

9. August

Teresia Benedicta vom Kreuz, Märtyrin, Ordensfrau

[...] Edith Stein, Teresia Benedicta vom heiligen Kreuz [...] – Jüdin und Deutsche, die zusammen mit ihrer Schwester im Grauen der Nacht des nazideutschen Konzentrationslagers verschwunden ist, die als Christin und als Jüdin mit ihrem Volk und für ihr Volk sterben wollte. Die Deutschen, die damals nach Auschwitz-Birkenau verbracht wurden und hier gestorben sind, wurden als Abschaum der Nation hingestellt. Aber nun erkennen wir sie dankbar als die Zeugen der Wahrheit und des Guten, das auch in unserem Volk nicht untergegangen war. Wir danken diesen Menschen, daß sie sich der Macht des Bösen nicht gebeugt haben und so als Lichter in einer dunklen Nacht vor uns stehen. Wir beugen uns in Ehrfurcht und Dankbarkeit vor all denen, die wie die drei Jünglinge angesichts der Drohung des babylonischen Feuerofens geantwortet haben: „Wenn überhaupt jemand, so kann nur unser Gott (...) uns retten. Tut er es aber nicht, so sollst du, König, wissen: Auch dann verehren wir deine Götter nicht und beten das goldene Standbild nicht an, das du errichtet hast“ (Dan 3,17 f.).

Ansprache, 28. Mai 2006

10. August

Laurentius, Diakon, Märtyrer

Zu einer heute vielleicht weniger praktizierten, aber vor nicht allzu langer Zeit noch sehr verbreiteten Weise der Frömmigkeit gehörte der Gedanke, man könne die kleinen Mühen des Alltags, die uns immer wieder einmal wie mehr oder weniger empfindliche Nadelstiche treffen, „aufopfern" und ihnen dadurch Sinn verleihen. In dieser Frömmigkeit gab es gewiß Übertriebenes und auch Ungesundes, aber es ist zu fragen, ob da nicht doch irgendwie etwas Wesentliches und Helfendes enthalten war. Was kann das heißen: „aufopfern"? Diese Menschen waren überzeugt, daß sie ihre kleinen Mühen in das große Mitleiden Christi hineinlegen konnten, so daß sie irgendwie zu dem Schatz des Mitleids gehörten, dessen die Menschheit bedarf. So könnten auch die kleinen Verdrießlichkeiten des Alltags Sinn gewinnen und zum Haushalt des Guten, der Liebe in der Menschheit beitragen. Vielleicht sollten wir doch fragen, ob solches nicht auch für uns wieder zu einer sinnvollen Möglichkeit werden kann.

Spe salvi 40

11. August

Die Gebote werden nicht von außen auferlegt, sie schmälern nicht unsere Freiheit. Im Gegenteil: Sie sind ein kraftvoller innerer Ansporn, der uns dazu bringt, unserem Handeln eine gewisse Richtung zu geben. Ihre Grundlagen sind die Gnade und die Natur, die uns nicht stillstehen lassen. Wir müssen gehen. Wir werden angetrieben, etwas zu tun, um uns zu verwirklichen. Sich durch das Handeln zu verwirklichen heißt in Wirklichkeit, sich selbst wirklich zu machen. Wir sind zum großen Teil von Jugend auf das, was wir sein wollen. Wir sind sozusagen das Werk unserer Hände.

Ansprache, 10. Mai 2007

12. August

Wir sind unruhig über den Zustand der Welt, und wir fragen: Wo finde ich die Maßstäbe für mein Leben – wo die Maßstäbe, um an der Gestaltung von Gegenwart und Zukunft der Welt verantwortlich mitzuwirken? Wem darf ich vertrauen – wem mich anvertrauen? Wo ist derjenige, der mir die befriedigende Antwort geben kann auf die Erwartungen meines Herzens? Solche Fragen zu stellen, bedeutet vor allem anzuerkennen, daß der Weg nicht vollendet ist, so lange man nicht dem begegnet ist, der die Macht hat, jenes universale Reich der Gerechtigkeit und des Friedens zu begründen, nach dem die Menschen streben, das zu errichten sie aber allein nicht imstande sind. Diese Fragen zu stellen bedeutet weiter, jemanden zu suchen, der sich nicht täuscht und andere nicht täuschen kann und der darum fähig ist, eine Sicherheit zu bieten, die so unerschütterlich ist, daß man von ihr leben und gegebenenfalls sogar für sie sterben kann.

Ansprache, 18. August 2005

13. August

Um auf den Ruf Gottes zu antworten und sich auf den Weg zu machen, ist es nicht notwendig, bereits perfekt zu sein. Bekanntlich war es das Wissen um die eigene Sünde, das dem verlorenen Sohn ermöglichte, die Rückkehr anzutreten und so die Freude der Versöhnung mit dem Vater zu erfahren [Lk 15,11–32]. Menschliche Schwäche und Begrenztheit sind kein Hindernis, wenn sie dazu beitragen, uns immer stärker der Tatsache bewußt zu werden, daß wir die erlösende Gnade Christi brauchen. Dies ist die Erfahrung des hl. Paulus, der bekannte: „Viel lieber also will ich mich meiner Schwachheit rühmen, damit die Kraft Christi auf mich herabkommt" (2 Kor 12,9).

Botschaft, 5. März 2006

14. August

Ist es konsequent, sonntags in der Kirche unseren Glauben zu bekennen und dann im Lauf der Woche Geschäftspraktiken oder medizinische Verfahren zu fördern, die im Widerspruch zu diesen Glaubensüberzeugungen stehen? Ist es für praktizierende Katholiken konsequent, die Armen und die Randgruppen zu ignorieren oder auszubeuten, ein Sexualverhalten zu fördern, das im Gegensatz zur katholischen Morallehre steht, oder Positionen einzunehmen, die dem Recht jedes Menschen auf Leben von der Empfängnis bis zum natürlichen Tod widersprechen? Jedem Bestreben, Religion als Privatsache zu behandeln, muß Widerstand entgegengesetzt werden. Nur wenn ihr Glaube jeden Aspekt ihres Lebens durchdringt, öffnen sich Christen wirklich der verwandelnden Kraft des Evangeliums.

Ansprache, 16. April 2008

15. August

Mariä Aufnahme in den Himmel

Heute feiern wir das Hochfest der Aufnahme der seligen Jungfrau Maria in den Himmel. Es handelt sich um ein altes Fest, dessen Fundament letztendlich in der Heiligen Schrift gründet: diese nämlich spricht von der Jungfrau Maria in inniger Verbundenheit mit dem göttlichen Sohn und stets einig mit Ihm. Mutter und Sohn erscheinen im Kampf gegen den teuflischen Feind bis zum vollen Sieg über ihn eng miteinander vereinigt. Dieser Sieg kommt im besonderen in der Überwindung der Sünde und des Todes zum Ausdruck, das heißt in der Überwindung jener Feinde, die der hl. Paulus immer in Verbindung miteinander darstellt (vgl. Röm 5,12.15–21; 1 Kor 15,21–26). Wie die glorreiche Auferstehung Christi das endgültige Zeichen dieses Sieges war, so bildet die Verherrlichung Mariens auch in ihrem jungfräulichen Leib die letzte Bestätigung ihrer vollen Solidarität mit dem Sohn, im Kampf wie im Sieg.

Angelus, 15. August 2007

16. August

Der Mut zu endgültigen Entscheidungen! Es ist viel Großmut in der Jugend da, aber das Risiko, sich ein Leben lang zu binden, sei's in der Ehe, sei's im Priestertum, das wird gescheut. Die Welt ist in dramatischer Bewegung. Ständig. Kann ich jetzt schon über das ganze Leben mit seinen unabsehbaren künftigen Ereignissen verfügen? Binde ich da nicht meine Freiheit selber und nehme etwas von meiner Beweglichkeit weg? Den Mut zu wecken, endgültige Entscheidungen zu wagen, die in Wirklichkeit erst Wachstum und Vorwärtsbewegung, das Große im Leben ermöglichen, die nicht die Freiheit zerstören, sondern ihr erst die richtige Richtung im Raum geben: das zu riskieren – diesen Sprung sozusagen ins Endgültige – und damit das Leben erst richtig ganz anzunehmen [...].

INTERVIEW, 5. AUGUST 2006

17. August

Gerade junge Menschen sehnen sich danach, daß ihre Fähigkeiten und Talente „geweckt und entdeckt" werden. Freiwillige wollen gefragt, sie wollen persönlich angesprochen werden. „Ich brauche dich!", „Du kannst das!": Wie gut tut uns diese Ansprache. Gerade in ihrer menschlichen Einfachheit verweist sie hintergründig auf den Gott, der jeden von uns gewollt, jedem seinen Auftrag mitgegeben hat, ja, der jeden von uns braucht und auf unseren Einsatz wartet. So hat Jesus Menschen gerufen und ihnen Mut gemacht zu dem Großen, das sie sich selber nicht zugetraut hätten.

ANSPRACHE, 9. SEPTEMBER 2007

18. August

[...] liebe junge Freunde! [...] Was sucht Ihr? Was will Gott von euch? Jesus Christus ist die Hoffnung, die niemals enttäuscht. Die Heiligen zeigen uns die selbstlose Liebe seines

Weges. Als Jünger Christi haben sich ihre außergewöhnlichen Wege innerhalb jener Gemeinschaft der Hoffnung entfaltet, welche die Kirche ist. Innerhalb der Kirche werdet auch ihr den Mut und die Unterstützung finden, um auf dem Weg des Herrn zu gehen. Gespeist durch das persönliche Gebet, vorbereitet in der Stille, geformt durch die Liturgie der Kirche werdet ihr die besondere Berufung entdecken, die Gott für euch vorgesehen hat. Nehmt sie freudig an! Heute seid ihr die Jünger Christi.

ANSPRACHE, 19. APRIL 2008

19. AUGUST

Ein Leben in der Nachfolge Christi bedarf der Integration der gesamten Persönlichkeit. Wo die intellektuelle Dimension vernachlässigt wird, entsteht allzu leicht ein frömmlerisches Schwärmertum, das fast ausschließlich von Emotionen und Stimmungen lebt, die nicht das ganze Leben durchgetragen werden können. Und wo die spirituelle Dimension vernachlässigt wird, entsteht ein dünner Rationalismus, der aus seiner Kühle und Distanziertheit nie zu einer begeisterten Hingabe an Gott durchbrechen kann. Man kann ein Leben in der Nachfolge Christi nicht auf solche Einseitigkeiten gründen.

ANSPRACHE, 9. SEPTEMBER 2007

20. AUGUST

BERNHARD VON CLAIRVAUX, ABT, KIRCHENLEHRER

Der hl. Bernhard schreibt: „Im ersten Kommen war Christus unsere Erlösung, im letzten wird er sich als unser Leben offenbaren; in diesem ist er unsere Ruhe und unser Trost“ (5. Rede über den Advent, 1). Das Urbild für jenes Kommen Christi, das wir „geistliche Menschwerdung“ nennen könnten, ist stets Maria. Wie die jungfräuliche Mutter in ihrem Herzen das fleischgewordene Wort bewahrte, so sind jede einzelne Seele und die ganze Kirche auf ihrer irdischen Pilgerreise aufgerufen, Christus, der kommt, zu erwarten und ihn mit stets neuem Glauben und neuer Liebe aufzunehmen.

Predigt, 2. Dezember 2006

21. August

Das Gebet nährt die Hoffnung, denn nichts kann die Wirklichkeit Gottes in unserem Leben besser ausdrücken als das gläubige Gebet. Auch in der Einsamkeit der härtesten Prüfung kann nichts und niemand mich daran hindern, daß ich mich an den Vater wende „im Verborgenen" meines Herzens, das nur er „sieht", wie Jesus im Evangelium sagt (vgl. Mt 6,4.6.18). Zwei Momente im irdischen Leben Jesu kommen uns in den Sinn, die jeweils am Anfang und fast am Ende seines öffentlichen Lebens stehen: die vierzig Tage in der Wüste, die durch die Fastenzeit nachgeahmt werden, und die Todesangst in Gethsemani – beide sind im wesentlichen Momente des Gebets. In der Wüste das Beten mit dem Vater „unter vier Augen", am Ölberg das Beten in „Todesangst". Aber indem er in beiden Situationen betet, entlarvt Jesus die Lügen des Versuchers und besiegt ihn. Das Gebet erweist sich also als erste und hauptsächliche „Waffe", „damit wir dem Bösen absagen" (Tagesgebet).

Predigt, 6. Februar 2008

22. August

Maria Königin

Mit besonderer Verehrung denken wir [...] an die „Königin aller Heiligen", die Jungfrau Maria, die ihr in verschiedenen Heiligtümern und Kapellen überall in den Tälern und auf den Bergen der Abruzzen [Besuch des Papstes in Manopello] verehrt. Die Gottesmutter, auf deren Antlitz mehr als in jedem anderen Geschöpf die Züge des menschgewordenen Wortes erkennbar sind, möge über die Familien und über die Pfarreien, über die Städte und die Nationen der ganzen Welt wachen. Die Mutter des Schöpfers helfe uns, auch die Natur zu achten, ein großes Geschenk Gottes, das wir hier bestaunen können, wenn wir die wunderbaren Berge betrachten, die uns umgeben. Dieses Geschenk ist jedoch immer ernsthafter den Gefahren der Umweltzerstörung ausgesetzt und muß daher verteidigt und geschützt werden.

ANSPRACHE, 1. SEPTEMBER 2006

23. AUGUST

Haben wir nicht alle irgendwie Angst, wenn wir Christus ganz herein lassen, uns ihm ganz öffnen, könnte uns etwas genommen werden von unserem Leben? Müssen wir dann nicht auf so vieles verzichten, was das Leben erst so richtig schön macht? Würden wir nicht eingeengt und unfrei? [Papst Johannes Paul II. würde] sagen: Nein. Wer Christus einläßt, dem geht nichts, nichts – gar nichts verloren von dem, was das Leben frei, schön und groß macht. Nein, erst in dieser Freundschaft öffnen sich die Türen des Lebens. Erst in dieser Freundschaft gehen überhaupt die großen Möglichkeiten des Menschseins auf. Erst in dieser Freundschaft erfahren wir, was schön und was befreiend ist. So möchte ich heute mit großem Nachdruck und großer Überzeugung aus der Erfahrung eines eigenen langen Lebens Euch, liebe junge Menschen, sagen: Habt keine Angst vor Christus! Er nimmt nichts, und er gibt alles. Wer sich ihm gibt, der erhält alles hundertfach zurück.

PREDIGT, 24. APRIL 2005

24. AUGUST

BARTHOLOMÄUS, APOSTEL

In der heutigen Katechese betrachten wir einen [...] Jünger Jesu, den heiligen Bartholomäus. In den drei Apostellisten der Evangelien wird er immer unmittelbar nach Philippus genannt. Das ist vermutlich auch der Grund, warum die Tradition den Apostel Bartholomäus mit Nathanael identifiziert; denn dieser wurde, wie wir im Johannesevangelium hören, von Philippus zu Jesus geführt. Bartholomäus-Nathanael hatte zunächst große Vorbehalte gegen Jesus:

„Kann denn aus Nazareth etwas Gutes kommen?" (vgl. Joh 1,46). Er läßt sich aber doch einladen, ihn persönlich kennenzulernen. Im Gespräch darf er erkennen, daß Jesus von Grund auf mit ihm vertraut ist und Großes - die Berufung zum Apostel - für ihn bereithält. So überwindet Nathanael seine Vorurteile und bekennt: „Rabbi, du bist der Sohn Gottes, du bist der König von Israel" (Joh 1,49).

Generalaudienz, 4. Oktober 2006

25. August

Zukunftsoffene Kirche wollen wir sein, reich an Verheißungen für nachwachsende Generationen. Nicht um eine gespielte Jugendlichkeit geht es, sie macht sich im Grunde lächerlich, sondern um jene echte Jugendlichkeit, die aus dem Quell der Ewigkeit kommt, die immer neu ist, die davon kommt, daß Christus durchleuchtet in seiner Kirche und so uns das Licht gibt, um weiterzugehen. In diesem Licht können wir den Mut finden, die schwierigsten Fragen, die sich heute der Kirche [...] stellen, zuversichtlich aufzugreifen. Wir müssen einerseits, wie ich schon sagte, die Provokation der Jugend annehmen, aber wir müssen unsererseits die Jugend zur Geduld erziehen - ohne Geduld gibt es kein Finden -, zu Unterscheidungsvermögen, zu einem gesunden Realismus, zur Fähigkeit der Endgültigkeit.

Ansprache, 21. August 2005

26. August

Folgt nicht dem Weg des Stolzes, sondern dem der Demut. Schwimmt gegen den Strom: hört nicht auf die gewinnsüchtigen und verlockenden Stimmen, die heute vielerorts Lebensmodelle propagieren, die von Arroganz und Gewalt, von Überheblichkeit und Erfolg um jeden Preis, vom äußeren Schein und vom Besitz auf Kosten des Seins durchdrungen sind. Ihr seid die Adressaten so vieler Botschaften, die zu euch vor allem durch die Massenmedien gelangen! Seid wachsam! Seid kritisch! Folgt nicht der Welle, die diese mächtige Kampagne der Überredung hervorbringt! Habt keine Angst, liebe Freunde, die „alternativen" Wege zu bevorzugen, die uns von der wahren Liebe aufgezeigt werden: ein nüchterner und solidarischer Lebensstil; aufrichtige und reine Gefühlsbeziehungen; ein rechtschaffener Einsatz im Studium und in der Arbeit; das tiefe Interesse am Gemeinwohl. Habt keine Angst, anders zu erscheinen und für das kritisiert zu werden, was erfolglos und altmodisch erscheinen mag: eure Altergenossen, aber auch die Erwachsenen, und besonders diejenigen, die der Gesinnung und den Werten des Evangeliums am fernsten zu stehen scheinen, haben ein tiefes Bedürfnis danach, jemanden zu sehen, der es wagt, entsprechend der von Jesus Christus geoffenbarten Fülle des Menschseins zu leben.

PREDIGT, 2. SEPTEMBER 2007

27. AUGUST

Aber während ich euch, die [...] Jugendlichen, ansehe, die ihr Freude und Begeisterung ausstrahlt, nehme ich den Blick Jesu an: einen Blick der Liebe und des Vertrauens, in der Gewißheit, daß ihr den wahren Weg gefunden habt. Ihr seid die jungen Menschen der Kirche. Ich übertrage euch daher die große Sendung, die jungen Männer und Frauen zu evangelisieren, die in dieser Welt umherirren wie Schafe, die keinen Hirten haben. Seid die Apostel der jungen Menschen. Ladet sie ein, mit euch zu gehen und wie ihr den Glauben, die Hoffnung und die Liebe zu erfahren und Jesus zu begegnen, um sich wirklich geliebt und angenommen zu fühlen, mit der vollen Möglichkeit, sich zu verwirklichen. Mögen auch sie die sicheren Wege der Gebote entdecken, diese Wege gehen und so zu Gott gelangen.

ANSPRACHE, 10. MAI 2007

28. August

Augustinus, Bischof, Kirchenlehrer

Augustinus [...] hat seinen Alltag als Priester einmal so beschrieben: „Unruhestifter zurechtweisen, Kleinmütige trösten, sich der Schwachen annehmen, Gegner widerlegen, sich vor Nachstellern hüten, Ungebildete lehren, Träge wachrütteln, Händelsucher zurückhalten, Eingebildeten den rechten Platz anweisen, Verzagte ermutigen, Streitende besänftigen, Armen helfen, Unterdrückte befreien, Guten Anerkennung zeigen, Böse ertragen und (ach!) alle lieben" (Sermo 340,3). „Es ist das Evangelium, das mir Schrecken einjagt" (Sermo 379,4) – jenen heilsamen Schrecken, der uns hindert, für uns allein zu leben und der uns nötigt, unsere gemeinsame Hoffnung weiterzugeben.

Enzyklika Spe salvi 29

29. August

Enthauptung Johannes des Täufers

Reich Gottes ist Gott selbst, der gegenwärtig wird und in unserer Mitte und durch uns herrscht. Deswegen ist Aufbau des Reiches Gottes, wenn Gott in uns lebt und wenn wir Gott in die Welt tragen. Ihr tut es, indem Ihr Zeugnis gebt für einen Sinn, der in der schöpferischen Liebe Gottes wurzelt und sich gegen allen Unsinn und alle Verzweiflung stellt. Ihr steht an der Seite jener, die um diesen Sinn ringen, an der Seite all derer, die dem Leben eine positive Gestalt geben möchten. Betend und bittend seid ihr die Anwälte derer, die nach Gott suchen, die zu Gott hin unterwegs sind. Ihr gebt Zeugnis von einer Hoffnung, die gegen alle stille und laute Verzweiflung hinweist auf die Treue und Zuwendung Gottes. Damit steht ihr auf der Seite aller, deren Rücken gekrümmt ist durch drückende Schicksale und die von ihren Lastkörben nicht loskommen. Ihr gebt Zeugnis von der Liebe, die sich für die Menschen dahingibt und so den Tod besiegt hat. Ihr steht auf der Seite jener, die nie Liebe erfahren haben, die an das Leben nicht mehr zu glauben vermögen. Ihr steht so gegen die vielfältigen Weisen von versteckter und offener Ungerechtigkeit wie gegen die sich ausbreitende Menschenverachtung. So soll eure ganze Existenz, liebe Brüder und Schwestern, wie die Existenz Johannes' des Täufers ein großer, lebendiger Hinweis auf Jesus Christus sein, den Mensch gewordenen Sohn Gottes.

Ansprache, 8. September 2007

30. August

Die Jugendlichen fürchten sich nicht vor dem Opfer, wohl aber vor einem Leben ohne Sinn. Sie sind empfänglich für den Ruf Christi, der sie einlädt, ihm zu folgen. Sie können auf diesen Ruf als Priester, als Ordensmänner und Ordensfrauen oder als Familienväter und -mütter antworten, die sich mit ihrer ganzen Zeit und ihrer Hingabefähigkeit, mit ihrem ganzen Leben vollständig dem Dienst an ihren Brüdern und Schwestern widmen. Die jungen Menschen müssen sich dem Leben als einer ständigen Entdeckung stellen, ohne sich von den gängigen Modeerscheinungen oder Denkweisen umgarnen zu lassen, sondern indem sie mit einer tiefen Neugier auf den Sinn des Lebens und das Geheimnis Gottes, des Vaters und Schöpfers, und seines Sohnes, unseres Erlösers, innerhalb der menschlichen Familie vorangehen. Sie müssen sich auch um eine ständige Erneuerung der Welt im Lichte des Evangeliums bemühen. Mehr noch müssen sie sich den leichtfertigen Vorspiegelungen raschen Glücks und den trügerischen Lustgefilden der Droge, des Vergnügens, des Alkohols sowie jeder Form von Gewalt widersetzen.

Ansprache, 13. Mai 2007

31. August

Liebe Jugendliche, das Glück, das Ihr sucht, das Glück, auf das Ihr ein Anrecht habt, hat einen Namen, ein Gesicht: Es ist Jesus von Nazareth, verborgen in der Eucharistie.

Er allein schenkt der Menschheit Leben in Fülle! Sagt gemeinsam mit Maria Euer „Ja" zu dem Gott, der sich Euch schenken will. Ich wiederhole Euch heute, was ich zu Beginn meines Pontifikats gesagt habe: „Wer Christus (in sein Leben) eintreten läßt, verliert nichts, gar nichts – absolut nichts von dem, was das Leben frei, schön und groß macht. Nein, nur in dieser Freundschaft öffnen sich die Türen des Lebens weit. Nur in dieser Freundschaft erschließen sich wirklich die großen Möglichkeiten des Menschseins. Nur in dieser Freundschaft erfahren wir, was schön ist und was frei macht" (Homilie zur Amtseinführung des Papstes, 24. April 2005). Seid völlig überzeugt davon: Christus nimmt nichts weg von dem, was Ihr an Schönem und Großem in Euch habt, sondern zur Ehre Gottes, zum Glück der Menschen und zum Heil der Welt führt er alles zur Vollendung.

Ansprache, 18. August 2005

September

1. September

Schon vor der Erschaffung der Welt hat Gott uns in Christus erwählt. Jeden von uns kennt und liebt er von Ewigkeit her! Und wozu hat er uns erwählt? Um in Liebe heilig und untadelig vor ihm zu leben! Und das ist keine unerfüllbare Aufgabe: In Christus hat er uns die Verwirklichung schon geschenkt. Wir sind erlöst! Durch unsere Gemeinschaft mit dem auferstandenen Christus hat Gott uns mit allem Segen seines Geistes gesegnet. Öffnen wir unser Herz, nehmen wir das kostbare Erbe an! Dann werden wir mit Maria das Lob seiner herrlichen Gnade anstimmen. Und wenn wir weiter unsere alltäglichen Sorgen vor die makellose Mutter Christi hintragen, wird sie uns helfen, unsere kleinen Hoffnungen immer zu öffnen auf die große, die eigentliche Hoffnung hin, die unserem Leben Sinn gibt und uns mit tiefer, unzerstörbarer Freude erfüllen kann.

Grussworte, 7. September 2007

2. September

Manchmal meint man, daß die Heiligkeit ein privilegierter Zustand sei, der wenigen Auserwählten vorbehalten wäre. Heilig zu werden ist in Wirklichkeit Aufgabe eines jeden Christen, mehr noch, wir könnten sagen: eines jeden Menschen! Der Apostel schreibt, daß Gott uns von je her gesegnet und uns in Christus erwählt hat, „damit wir heilig und untadelig leben vor Gott“ (Eph 1,3–4). Alle Menschen sind somit zur Heiligkeit berufen, die letztendlich in einem Leben als Kinder Gottes besteht, in jener „Ebenbildlichkeit“ mit ihm, nach der sie geschaffen worden sind. Alle Menschen sind Kinder Gottes, und alle müssen werden, was sie sind, durch den anspruchsvollen Weg der Freiheit. Gott lädt alle ein, Teil seines heiligen Volkes zu sein. Der „Weg“ ist Christus, der Sohn, der Heilige Gottes: niemand kommt zum Vater außer durch ihn (vgl. Joh 14,6).

Angelus, 1. November 2007

3. September

Der Herr läßt uns auf diesem Weg nicht allein. Er ist bei uns ja, er möchte unser Schicksal mit uns teilen und geht dabei so weit, daß er uns in sich aufnimmt. [Im Johannesevangelium] sagt er: „Wer mein Fleisch ißt und mein Blut trinkt, der bleibt in mir, und ich bleibe in ihm“ (6,56). Wie sollten wir uns über eine solche Verheißung nicht freuen? Wir haben jedoch gehört, daß die Menschen auf jene erste Verkündigung hin zu murren und zu protestieren begannen, anstatt sich zu freuen: „Wie kann er uns sein Fleisch zu essen geben?“ (Joh 6,52). Um ehrlich zu sein, diese Haltung hat sich im Laufe der Geschichte viele Male wiederholt. Man könnte im Grunde genommen sagen, die Menschen wollen Gott gar nicht so nahe, so verfügbar haben, sie wollen nicht, daß er so an ihren Angelegenheiten teilnimmt. Die Menschen wollen einen Gott, der groß ist, und schließlich wollen auch wir ihn oft etwas von uns fernhalten. Da werden Fragen aufgeworfen, die schließlich beweisen sollen, daß eine solche Nähe tatsächlich unmöglich wäre. Die Worte aber, die Christus bei dieser Gelegenheit gesprochen hat, behalten ganz klar ihre Gültigkeit: „Amen, amen, das sage ich euch: Wenn ihr das Fleisch des Menschensohnes nicht eßt und sein Blut nicht trinkt, habt ihr das Leben nicht in euch“ (Joh 6,53). Wahrlich, wir brauchen einen Gott, der uns nahe ist.

Predigt, 29. Mai 2005

4. September

Wir können nie genug betonen, wie grundlegend und entscheidend unsere persönliche Antwort auf den Ruf zur Heiligkeit ist. Dies ist nicht nur die Bedingung dafür, daß unser persönliches Apostolat Frucht bringt. Es ist zugleich auf noch umfassendere Weise die Bedingung dafür, daß das Antlitz der Kirche das Licht Christi widerspiegelt (vgl. Lumen gentium 1) und daß die Menschen dazu geführt werden, den Herrn zu erkennen und anzubeten. Der Bitte des Apostels Paulus, sich mit Gott versöhnen zu lassen (vgl. 2 Kor 5,20), müssen wir zuallererst in uns selbst entsprechen und den Herrn aufrichtigen Herzens und entschlossenen und mutigen Sinnes bitten, alles von uns fernzuhalten, was uns von ihm trennt und was der Sendung, die wir empfangen haben, widerspricht. Wir sind gewiß, daß der Herr barmherzig ist und uns zu erhören weiß.

Ansprache, 13. Mai 2005

5. September

Teresa von Kalkutta

Wer betet, vertut nicht seine Zeit, selbst wenn die Situation alle Anzeichen der Dringlichkeit besitzt und einzig zum Handeln zu treiben scheint. Die Frömmigkeit schwächt nicht den Kampf gegen die Armut oder sogar das Elend des Nächsten. Die selige Teresa von Kalkutta ist ein sehr offenkundiges Beispiel dafür, daß die Gott im Gebet gewidmete Zeit dem tatsächlichen Wirken der Nächstenliebe nicht nur nicht schadet, sondern in Wirklichkeit dessen unerschöpfliche Quelle ist.

Deus caritas est 36

6. September

Schließlich liegt mir das Thema Ehe und Familie besonders am Herzen. Die Schöpfungsordnung der Ehe, von der uns die Bibel am Ende des Schöpfungsberichts eindrücklich spricht

(Gen 2,24), wird heute immer mehr verwischt. So wie der Mensch sich die Welt im Ganzen neu zu montieren versucht und dabei immer spürbarer seine Grundlagen gefährdet, so geht ihm auch der Blick für die Schöpfungsordnung seiner eigenen Existenz zusehends verloren. Er glaubt, sich selber in einer leeren Freiheit beliebig definieren zu können. Die Fundamente, auf denen seine eigene Existenz und die der Gesellschaft stehen, geraten so ins Wanken.

ANSPRACHE, 18. NOVEMBER 2006

7. SEPTEMBER

Hat das Christentum tatsächlich den „Eros" zerstört? Sehen wir in die vorchristliche Welt. Die Griechen – durchaus verwandt mit anderen Kulturen – haben im Eros zunächst den Rausch, die Übermächtigung der Vernunft durch eine „göttliche Raserei" gesehen, die den Menschen aus der Enge seines Daseins herausreißt und ihn in diesem Überwältigtwerden durch eine göttliche Macht die höchste Seligkeit erfahren läßt. Alle anderen Gewalten zwischen Himmel und Erde erscheinen so als zweiten Ranges: „Omnia vincit Amor", sagt Vergil in den „Bucolica" – „die Liebe besiegt alles". Und er fügt hinzu: „Et nos cedamus amori" – „weichen auch wir der Liebe". In den Religionen hat sich diese Haltung in der Form der Fruchtbarkeitskulte niedergeschlagen, zu denen die „heilige" Prostitution gehört, die in vielen Tempeln blühte. Eros wurde so als göttliche Macht gefeiert, als Vereinigung mit dem Göttlichen. Das Alte Testament hat sich dieser Art von Religion, die als übermächtige Versuchung dem Glauben an den einen Gott entgegenstand, mit aller Härte widersetzt, sie als Perversion des Religiösen bekämpft. Es hat damit aber gerade nicht dem „Eros" als solchem eine Absage erteilt, sondern seiner zerstörerischen Entstellung den Kampf angesagt. Denn die falsche Vergöttlichung des „Eros", die hier geschieht, beraubt ihn seiner Würde, entmenschlicht ihn. Die Prostituierten im Tempel, die den Göttlichkeitsrausch schenken müssen, werden nämlich nicht als Menschen und Personen behandelt, sondern dienen nur als Objekte.

DEUS CARITAS EST 4

8. SEPTEMBER

MARIÄ GEBURT

Seit vielen Generationen bitten [...] die Menschen um den Beistand der Gottesmutter. Wir tun das heute auch. Wir wollen mit ihr den Lobpreis auf die erhabene Güte Gottes anstimmen und unseren Dank an den Herrn für alle empfangenen Wohltaten, besonders für das große Geschenk des Glaubens, aussprechen. Wir wollen ihr auch unsere Herzensanliegen sagen: ihren Schutz für die Kirche erbitten, ihre Fürsprache um das Geschenk guter Berufungen für unsere Diözesen und Ordensgemeinschaften anrufen, um ihren Beistand für die Familien und um ihr erbarmendes Gebet für alle Menschen bitten, die einen Ausweg aus Sünden und nach Umkehr suchen, und schließlich ihrer mütterlichen Sorge alle kranken und alten Menschen anvertrauen.

ANSPRACHE, 8. SEPTEMBER 2007

9. SEPTEMBER

[...] Ehe und Familie [sind] im innersten Kern der Wahrheit über den Menschen und seine Bestimmung verwurzelt [...]. Die Heilige Schrift offenbart uns, daß die Berufung zur Liebe zu jenem authentischen Abbild Gottes gehört, das der Schöpfer seinem Geschöpf einprägen wollte, als er es dazu berief, ihm gerade in dem Maße ähnlich zu werden, in dem es für die Liebe offen ist. Der den Körper des Mannes und der Frau kennzeichnende Geschlechtsunterschied ist also nicht einfach nur eine biologische Gegebenheit, sondern gewinnt eine viel tiefere Bedeutung: Er bringt jene Art der Liebe zum Ausdruck, durch die Mann und Frau – wie es in der Heiligen Schrift heißt – „ein Fleisch" werden und so eine wahre Gemeinschaft von Personen verwirklichen können, die für die Weitergabe des Lebens offen ist; auf diese Weise arbeiten sie mit Gott an der Zeugung neuer Menschen zusammen. Ein zweites Element kennzeichnet die Neuheit der Lehre Johannes Pauls II. über die menschliche Liebe: Die besondere Art und Weise, wie er den Plan Gottes gerade in dem Zusammentreffen der göttlichen Offenbarung mit der menschlichen Erfahrung erkennt. In Christus, Fülle der Offenbarung der Liebe des Vaters, wird in der Tat auch die volle Wahrheit über die Berufung des Menschen zu der Liebe deutlich, die nur in der aufrichtigen Selbsthingabe vollkommen gefunden werden kann.

Ansprache, 11. Mai 2006

10. September

Auch in der Zeugung der Kinder spiegelt die Ehe ihr göttliches Vorbild, Gottes Liebe zum Menschen, wider. Bei Mann und Frau lassen sich Vaterschaft und Mutterschaft, ebenso wie der Körper und die Liebe, nicht auf das Biologische eingrenzen: Das Leben wird nur dann ganz weitergegeben, wenn mit der Geburt auch die Liebe und der Sinn weitergegeben werden, die es ermöglichen, zu diesem Leben Ja zu sagen. Von daher wird ganz klar, wie sehr es der menschlichen Liebe, der tiefen Berufung von Mann und Frau widerspricht, ihre Verbindung systematisch gegen das Geschenk des Lebens zu verschließen und noch mehr, das werdende Leben zu beseitigen oder zu verletzen.

Schreiben, 6. Juni 2005

11. September

Ehe und Familie sind in Wirklichkeit keine soziologische Zufallskonstruktion, sie sind nicht das Ergebnis besonderer historischer und wirtschaftlicher Situationen. Im Gegenteil, die Frage der richtigen Beziehung zwischen Mann und Frau hat ihre Wurzeln im tiefsten Wesen des Menschseins und kann ihre Antwort nur von daher finden. Das heißt, sie kann nicht getrennt werden von der alten und immer neuen Frage des Menschen über sich selbst: Wer bin ich? Was ist der Mensch? Und diese Frage kann ihrerseits nicht von der Gottesfrage getrennt werden: Existiert Gott? Und wer ist Gott? Wie ist sein wahres Gesicht? Die Antwort der Bibel auf diese beiden Fragen ist einheitlich und folgerichtig: Der Mensch ist nach dem Bild Gottes geschaffen, und Gott selbst ist Liebe. Daher ist die Berufung zur Liebe das, was den Menschen zum echten Ebenbild Gottes macht: Er wird in dem Maße Gott ähnlich, in dem er ein Liebender wird.

SCHREIBEN, 6. JUNI 2005

12. SEPTEMBER — MARIÄ NAMEN

Wir feiern heute das Fest Mariä Namen. So möchte ich all den Frauen, die diesen Namen tragen, meine herzlichen Segenswünsche zu diesem ihrem Festtag aussprechen; meine Mutter und meine Schwester gehören dazu [...]. Maria, die Mutter des Herrn, hat vom gläubigen Volk den Titel Advocata erhalten; sie ist unsere Anwältin bei Gott. So kennen wir sie seit der Hochzeit von Kana: als die gütige, mütterlich sorgende und liebende Frau, die die Not der anderen wahrnimmt und sie zum Herrn hinträgt, um zu helfen. [...] im Evangelium [hören wir], wie der Herr sie dem Lieblingsjünger und in ihm uns allen zur Mutter gibt. Die Christen haben zu allen Zeiten dankbar dieses Vermächtnis Jesu aufgenommen und bei der Mutter immer wieder die Geborgenheit und die Zuversicht gefunden, die uns Gottes und unseres Glaubens an Ihn froh werden läßt. Nehmen auch wir Maria als den Stern unseres Lebens an, der uns in die große Familie Gottes hineinführt.

PREDIGT, 12. SEPTEMBER 2006

13. September

Johannes Chrysostomus, Bischof, Kirchenlehrer

Johannes [Chrysostomus] widmete sich jeden Sonntag und an den hohen Festen der Predigt. Er achtete sehr darauf, daß der Beifall, den er oft für seine Predigt erhielt, ihn nicht dazu verleitete, das gepredigte Evangelium an Wirkkraft einbüßen zu lassen. Daher beklagte er sich manchmal, daß allzuoft dieselbe Zuhörerschaft, die seinen Predigten Beifall spendete, seine Ermahnungen, ein wirklich authentisches christliches Leben zu führen, mißachtete. Er prangerte unermüdlich den Gegensatz an, der zwischen der maßlosen Verschwendung der Reichen und dem Elend der Armen in der Stadt herrschte, und forderte zugleich die Reichen auf, die Obdachlosen in ihre Häuser aufzunehmen. Er erblickte Christus in den Armen und lud seine Zuhörer ein, dasselbe zu tun und entsprechend zu handeln. Seine Verteidigung der Armen und sein Tadel an den Überreichen war so anhaltend, daß dies bei einigen Reichen und bei den politischen Machthabern der Stadt Unmut und sogar Feindseligkeit gegen ihn hervorrief.

Schreiben, 10. August 2007

14. September

Kreuzerhöhung

Aber welchen Sinn hat es, das „Kreuz" zu „erhöhen"? Ist es nicht vielleicht anstößig, ein entehrendes Instrument der Hinrichtung zu verehren? Der Apostel Paulus sagt: „Wir dagegen verkündigen Christus als den Gekreuzigten: für Juden ein empörendes Ärgernis, für Heiden eine Torheit" (1 Kor 1,23). Die Christen verehren jedoch nicht irgendein Kreuz, sondern das Kreuz, das Jesus geheiligt hat durch sein Opfer, Frucht und Zeugnis unermeßlicher Liebe. Am Kreuz hat Christus sein Blut ganz vergossen, um die Menschheit aus der Knechtschaft der Sünde und des Todes zu befreien. Deshalb wurde das Kreuz aus einem Zeichen des Verderbens zu einem Zeichen des Segens, aus einem Symbol des Todes zum Symbol der Liebe schlechthin, einer

Liebe, die Haß und Gewalt besiegt und unsterbliches Leben hervorbringt. „O Crux, ave spes unica! Heiliges Kreuz, unsere einzige Hoffnung!“ So singt die Liturgie.

ANGELUS, 17. SEPTEMBER 2006

15. SEPTEMBER

Ein äußerst heikles Thema ist heute die Achtung, die dem menschlichen Embryo entgegengebracht werden muß, der stets aus einem Akt der Liebe geboren werden sollte und bereits als Person zu behandeln ist (vgl. Evangelium vitae 60). Wissenschaftliche und technische Fortschritte im Bereich der Bioethik werden zur Gefahr, wenn der Mensch das Bewußtsein seiner Grenzen verliert und sich praktisch anmaßt, an die Stelle des Schöpfergottes zu treten. Die Enzyklika „Humanae vitae“ hebt deutlich hervor, daß die menschliche Zeugung stets Frucht des ehelichen Aktes mit seiner zweifachen Bedeutung – Vereinigung und Fortpflanzung – sein muß (vgl. Nr. 12). Das verlangt die dem Plan Gottes entsprechende Grösse der ehelichen Liebe, wie ich in der Enzyklika „Deus caritas est“ betont habe: „Der zum ‚Sex‘ degradierte Eros wird zur Ware, zur bloßen ‚Sache‘; man kann ihn kaufen und verkaufen, ja, der Mensch selbst wird dabei zur Ware. [...] In Wirklichkeit stehen wir dabei vor einer Entwürdigung des menschlichen Leibes“ (Nr. 5). Gott sei Dank, entdecken heutzutage viele, vor allem junge Menschen, den Wert der Enthaltsamkeit wieder, die mehr und mehr als sichere Garantie wahrer Liebe erscheint.

ANSPRACHE, 13. MAI 2006

16. SEPTEMBER

Tatsächlich macht man in einem gesunden Familienleben die Erfahrung einiger grundsätzlicher Komponenten des Friedens: Gerechtigkeit und Liebe unter den Geschwistern, die Funktion der Autorität, die in den Eltern ihren Ausdruck findet, der liebevolle Dienst an den schwächsten – weil kleinen oder kranken oder alten – Gliedern, die gegenseitige Hilfe in den Bedürfnissen des Lebens, die Bereitschaft, den anderen anzunehmen und ihm nötigenfalls zu verzeihen. Deswegen ist die Familie die erste und unersetzliche Erzieherin zum Frieden.

BOTSCHAFT, 8. DEZEMBER 2007

17. SEPTEMBER

HILDEGARD VON BINGEN, ÄBTISSIN, MYSTIKERIN

Sie wissen, daß wir uns durch den Glauben, durch die Konstitution des Apostelkollegiums bestimmt uns nicht dazu ermächtigt fühlen, Frauen die Priesterweihe zu erteilen. Aber man sollte auch nicht meinen, in der Kirche ist nur jemand etwas, der ein Priester ist. Es gibt eben ganz viele Aufträge und Funktionen in der Kirchengeschichte. Von den Schwestern der Kirchenväter angefangen bis ins Mittelalter, wo große Frauen eine sehr bestimmende Rolle ausgeübt haben. Und in die Neuzeit herein: Denken wir an Hildegard von Bingen, die kraftvoll protestiert hat gegen Bischöfe und Papst. Und Katharina von Siena und Birgitta von Schweden. So in die Neuzeit herein müssen die Frauen und müssen wir ja auch immer wieder mit ihnen zusammen den richtigen Platz für sie suchen.

INTERVIEW, 5. AUGUST 2006

18. SEPTEMBER

Es ist [...] unerläßlich – und das ist die Aufgabe, die den christlichen Familien, den Priestern, den Katecheten, den Erziehern, und den Jugendlichen selbst gegenüber ihren Altersgenossen, die unseren Pfarrgemeinden, Vereinigungen und Bewegungen und schließlich der gesamten Diözesangemeinschaft anvertraut ist –, daß die jungen Generationen die Kirche als eine wirklich zuverlässige Gemeinschaft von Freunden erleben können, die ihnen in jedem Augenblick und in allen Situationen des Lebens, den freudigen und erfüllenden ebenso wie den schwierigen und dunklen, zur Seite steht. Diese Gemeinschaft verläßt uns nie, nicht einmal im Tod, denn sie birgt in sich die Verheißung der Ewigkeit.

ANSPRACHE, 5. JUNI 2006

19. SEPTEMBER

Zusammen mit der Weitergabe des Glaubens und der Liebe des Herrn besteht eine der größten Aufgaben der Familien darin, freie und verantwortungsvolle Menschen heranzubilden. Deshalb sollen die Eltern ihren Kindern die Freiheit, deren Hüter sie einige Zeit lang sind, zurückgeben. Wenn die Kinder sehen, daß ihre Eltern – und überhaupt die Erwachsenen in ihrer Umgebung – ihr Leben trotz mancher Schwierigkeiten mit Freude und Begeisterung leben, wird auch in ihnen leichter die tiefe Lebensfreude wachsen, die ihnen helfen wird, mögliche Hindernisse und Widrigkeiten, die das Leben mit sich bringt, erfolgreich zu meistern. Wenn die Familie sich nicht in sich selbst verschließt, lernen die Kinder zudem, daß jede Person es wert ist, geliebt zu werden, und daß es eine grundsätzliche universale Brüderlichkeit zwischen allen Menschen gibt.

ANSPRACHE, 8. JULI 2006

20. SEPTEMBER

Es gibt die weitverbreitete Tendenz, die Erziehung auf die Weitergabe bestimmter Fähigkeiten oder Fertigkeiten zu beschränken. Den Wunsch der jungen Generationen, glücklich zu sein, versucht man dadurch zu kompensieren, daß man sie mit Konsumprodukten überhäuft und ihnen kurzlebige Freuden verschafft. So geraten sowohl die Eltern als auch die Lehrer leicht in die Versuchung, sich ihrer Erziehungspflicht zu entziehen, und verstehen nicht einmal mehr, welche Rolle oder besser gesagt Sendung ihnen anvertraut ist. Aber so geben wir den Jugendlichen, den jungen Generationen, nicht das, was wir ihnen vermitteln sollen. Wir schulden ihnen auch die wahren Werte, die dem Leben eine Grundlage geben. Dieser Zustand ist natürlich unbefriedigend und muß unbefriedigend sein, weil er das wesentliche Ziel der Erziehung außer acht läßt: die Ausbildung des Menschen, damit dieser in Fülle leben und zum Wohl der Gemeinschaft beitragen kann.

Ansprache, 11. Juni 2007

21. September — Matthäus, Apostel und Evangelist

In der heutigen Katechese wollen wir unser Augenmerk auf den Apostel Matthäus richten. Das Neue Testament gibt nur spärlich Auskunft über diesen Jünger. Matthäus - sein Name bedeutet „Geschenk Gottes" - scheint in den Apostellisten auf. Das erste Evangelium, das bekanntlich seinen Namen trägt, stellt ihn als Zöllner (Mt 9,9; 10,3), d.h. als Steuereintreiber, vor und setzt ihn mit dem Levi des Markus- und des Lukasevangeliums gleich. Der Herr scheut sich nicht, in den Kreis seiner engsten Jünger einen Menschen aufzunehmen, den die Leute als Sünder und Kollaborateur der verhaßten Fremdherrschaft ablehnen und meiden. Christus schließt keinen von seiner Freundschaft aus. Gerade den Sündern will er die Gnade Gottes anbieten. Die Begegnung mit dem Herrn ändert das Leben des Zöllners Matthäus: Er steht auf und folgt Jesus nach. Prompt löst er sich von seinen sündigen Gewohnheiten und beginnt ein neues Leben mit dem Herrn. Mit Blick auf Matthäus können wir daher sagen: Wer zunächst dem Anschein nach weit von der Heiligkeit entfernt ist, kann zum Vorbild eines Jüngers Christi werden, der bereit ist, die göttliche Barmherzigkeit zu empfangen.

Generalaudienz, 30. August 2006

22. September

Gott vertraut der Frau und dem Mann entsprechend den ihnen eigenen Besonderheiten eine bestimmte Berufung und Sendung in der Kirche und in der Welt an. Ich denke hier an die Familie als für das Leben offene Liebesgemeinschaft und Grundzelle der Gesellschaft. In ihr entfalten die Frau und der Mann dank des Geschenks der Elternschaft gemeinsam eine unersetzliche Rolle gegenüber dem Leben. Die Kinder haben von ihrer Empfängnis an das Recht, auf den Vater und die Mutter zählen zu können, die sich um sie kümmern und sie in ihrem Heranwachsen begleiten sollen. Der Staat muß seinerseits durch entsprechende sozialpolitische Maßnahmen alles unterstützen, was den Bestand und die Einheit der Ehe, die Würde und Verantwortung der Ehegatten, ihr Recht und ihre unersetzliche Aufgabe als Erzieher der Kinder fördert. Zudem muß es auch der Frau ermöglicht werden, durch den Einsatz ihres typisch „fraulichen Geistes" am Aufbau der Gesellschaft mitzuwirken.

Ansprache, 9. Februar 2008

23. September

Für die jungen Menschen wird es schwer, zu endgültigen Bindungen zu finden. Sie haben Furcht vor der Endgültigkeit, die nicht realisierbar und der Freiheit entgegengesetzt scheint. So wird es auch immer schwerer, Kinder anzunehmen und ihnen jenen dauerhaften Raum des Wachsens und des Reifens zu schenken, der nur die auf der Ehe gründende Familie sein kann. In dieser hier nur ganz kurz angedeuteten Situation ist es sehr wichtig, jungen Menschen zu helfen, das endgültige Ja zueinander zu sagen, das der Freiheit nicht entgegensteht, sondern ihre größte Möglichkeit ist. In der Geduld des lebenslangen Miteinander kommt die Liebe zu ihrer wahren Reife. In diesem Raum lebenslanger Liebe lernen auch die Kinder leben und lieben. So darf ich euch bitten, alles zu tun, damit Ehe und Familie geformt, gefördert und ermutigt werden.

ANSPRACHE, 18. NOVEMBER 2006

24. SEPTEMBER

In der Tat, das Leben können wir verantwortungsvoll nur weitergeben, wenn wir mehr zu geben vermögen als das bloß biologische Leben – einen Sinn, der auch in den Krisen der kommenden Geschichte trägt und eine Gewißheit der Hoffnung, die stärker ist als die Wolken, die über der Zukunft stehen. Wenn wir nicht neu die Gründe des Lebens erlernen – wenn wir nicht die Gewißheit des Glaubens neu finden – dann werden wir auch immer weniger den anderen die Gabe des Lebens und den Auftrag der unbekannten Zukunft anvertrauen können.

ANSPRACHE, 22. DEZEMBER 2006

25. SEPTEMBER

Während die Gesellschaften immer älter werden, fehlt vielen Nationen oder Volksgruppen eine ausreichende Anzahl junger Menschen, um ihre Bevölkerung erneuern zu können. Diese Situation hat vielfältige und komplexe Ursachen, die oft auf wirtschaftlichem, sozialem und kulturellem Gebiet zu finden sind [...] Aber die tiefsten Gründe für diese Situation sind wohl moralischer und spiritueller Natur. Sie hängen mit einem beunruhigenden Mangel an Glaube, Hoffnung und – natürlich – Liebe zusammen. Kindern das Leben zu schenken erfordert, daß der ichbezogene Eros sich in einer kreativen Agape endgültig erfüllt, die in der Selbstlosigkeit verwurzelt und von Vertrauen und Zukunftshoffnung geprägt ist.

SCHREIBEN, 27. APRIL 2006

26. September

Das empfangene Geschöpf muß im Glauben erzogen werden, muß geliebt und beschützt werden. Die Kinder haben neben dem Grundrecht, geboren und im Glauben erzogen zu werden, auch das Recht auf ein Zuhause, das das Haus von Nazareth zum Vorbild hat, und sie haben das Recht darauf, vor Gefahren und Bedrohungen geschützt zu werden. Wir haben gehört, daß ich der „Großvater der Welt" genannt worden bin. Ich möchte mich jetzt gern an die Großeltern wenden, die in den Familien so wichtig sind. Sie können - und tun es oft - die Zuneigung und Zärtlichkeit gewährleisten, die es jeder Mensch nötig hat zu geben und zu empfangen. Sie bieten den Enkeln die Perspektive der Zeit, sind Gedächtnis und Reichtum der Familien. Unter keinen Umständen dürfen sie aus dem Kreis der Familie ausgeschlossen werden. Sie sind ein Schatz, den wir den heranwachsenden Generationen nicht vorenthalten dürfen, vor allem wenn sie im Hinblick auf den nahenden Tod ihren Glauben bezeugen.

Ansprache, 8. Juli 2006

27. September

Der Glaube und die christliche Ethik wollen die Liebe nicht ersticken, sondern sie rein, stark und wahrhaft frei machen: Genau das ist der Sinn der Zehn Gebote, die keineswegs eine Reihe von „Nein" sind, sondern ein volles „Ja" zur Liebe und zum Leben. Die menschliche Liebe muß nämlich gereinigt werden, muß reifen und auch über sich selbst hinauswachsen, um vollkommen menschlich zu werden, um Ursprung wahrer, dauerhafter Freude zu sein und schließlich jenem Verlangen nach Ewigkeit zu entsprechen, das sie in sich trägt und auf das sie nicht verzichten kann, ohne sich selbst zu verraten. Das ist der wesentliche Grund, weshalb die Liebe zwischen Mann und Frau nur in der Ehe vollkommene Verwirklichung findet.

Ansprache, 5. Juni 2006

28. September

Da ist zunächst Michael [...] Zwei Aufgaben dieses Erzengels werden in [den Schrifttexten] offenkundig. Er verteidigt die Sache der Einzigkeit Gottes gegen die Vermessenheit des Drachen, der „alten Schlange“, wie Johannes sagt. Es ist der unablässige Versuch der Schlange, die Menschen glauben zu machen, daß Gott verschwinden müsse, damit sie groß werden können; daß Gott uns in unserer Freiheit behindere und daß wir uns darum seiner entledigen müssen. Aber der Drache klagt nicht nur Gott an. Die Offenbarung nennt ihn auch den „Ankläger unserer Brüder, der sie bei Tag und bei Nacht vor unserem Gott verklagte“ (12,10). Wer Gott zurückstellt, macht den Menschen nicht groß, sondern nimmt ihm seine Würde.

Predigt, 29. September 2007

29. September

Michael, Gabriel, Rafael, Erzengel

Erzengel Gabriel begegnen wir vor allem in der kostbaren Erzählung von der Verkündigung der Menschwerdung Gottes an Maria, wie sie uns der hl. Lukas berichtet (1,26–38). Gabriel ist der Bote der Menschwerdung Gottes. Er klopft an die Tür Mariens, und durch ihn bittet Gott selbst Maria um ihr „Ja“ zu dem Angebot, Mutter des Erlösers zu werden: ihr menschliches Fleisch dem ewigen Wort Gottes, dem Sohn Gottes zu geben. Immer wieder klopft der Herr an die Türen des menschlichen Herzens. In der Geheimen Offenbarung sagt er zum „Engel“ der Kirche von Laodizea und durch ihn zu den Menschen aller Zeiten: „Ich stehe vor der Tür und klopfe an. Wer meine Stimme hört und die Tür öffnet, bei dem werde ich eintreten, und wir werden Mahl halten, ich mit ihm und er mit mir“ (3,10). Der Herr steht an der Tür – an der Tür der Welt und an der Tür jedes einzelnen Herzens.

Predigt, 29. September 2007

30. September

Der hl. Raphael wird uns vor allem im Buch Tobit als der Engel vorgestellt, dem die Aufgabe des Heilens übertragen ist. Wenn Jesus seine Jünger in die Mission entsendet, wird die Aufgabe der Verkündigung des Evangeliums immer auch mit der Aufgabe des Heilens verbunden. Der barmherzige Samariter, der dem am Straßenrand liegenden Schwerverletzten aufhilft und seine Wunden verbindet, wird wortlos zu einem Zeugen der Liebe Gottes. Dieser verletzte Mensch, der Heilung braucht, sind wir alle. Die Verkündigung des Evangeliums bedeutet schon an sich Heilen, weil der Mensch vor allem Wahrheit und Liebe braucht. Im Buch Tobit wird von zwei sinnbildlichen Heilungsaufgaben des Erzengels Raphael berichtet. Er heilt die gestörte Gemeinschaft zwischen Mann und Frau. Er heilt ihre Liebe. Er treibt die Dämonen aus, die immer wieder ihre Liebe angreifen und sie zerstören. Er reinigt die Atmosphäre zwischen den beiden und schenkt ihnen die Fähigkeit, sich für immer gegenseitig anzunehmen.

Predigt, 29. September 2007

Oktober

1. Oktober

Theresia vom Kinde Jesus, Ordensfrau

Aber wer sind „die Menschen“, die das Antlitz Gottes suchen, welche Menschen sind würdig, „hinaufzuziehn zum Berg des Herrn“, zu „stehn an seiner heiligen Stätte“? Der Psalmist erläutert: Es sind die, die „reine Hände“ haben „und ein lauteres Herz“, die nicht betrügen und keinen Meineid schwören (vgl. Ps 24). Um also in Gemeinschaft zu treten mit Christus und sein Antlitz zu betrachten, um das Antlitz des Herrn zu erkennen in dem der Brüder und in den alltäglichen Begebenheiten, sind „reine Hände und ein lauteres Herz“ vonnöten. Reine Hände, das heißt ein Leben, das erleuchtet ist von der Wahrheit der Liebe, die Gleichgültigkeit, Zweifel, Lüge und Eigensucht besiegt; und darüber hinaus ist ein lauteres Herz notwendig, ein Herz, das ergriffen ist von der göttlichen Schönheit, wie die kleine Theresia von Lisieux in ihrem Gebet an das Heilige Antlitz sagt, ein Herz, dem das Antlitz Christi eingeprägt ist.

Ansprache, 1. September 2006

2. Oktober

Schutzengel

Aber was ist ein Engel? [...] Der Engel ist einerseits ein Geschöpf, das vor Gott steht und mit seinem ganzen Sein auf Gott ausgerichtet ist. [...] Genau daraus erklärt sich auch der zweite Aspekt, der die Engel kennzeichnet: Sie sind Boten Gottes. Sie bringen Gott zu den Menschen, sie öffnen den Himmel und öffnen so die Erde. Gerade weil sie bei Gott sind, können sie auch dem Menschen sehr nahe sein. Gott ist in der Tat jedem von uns näher als wir es uns selbst sind. Die Engel sprechen zum Menschen von dem, was sein wahres Sein ausmacht, von dem, was in seinem Leben so oft zugedeckt und begraben ist. Sie rufen ihn auf, wieder zu sich zu kommen, indem sie ihn von Gott her berühren.

Predigt, 29. September 2007

3. Oktober

Im Monat Oktober verehren wir Maria in besonderer Weise als die Königin des heiligen Rosenkranzes. Im Rosenkranzgebet schauen wir mit Maria auf Christus. Die Mutter zeigt uns ihren Sohn und will, daß auch wir ihm immer ganz nahe sind und in Gemeinschaft mit ihm leben. Vertrauen wir der Macht des Gebetes und bitten wir Maria, unsere himmlische Mutter, um ihre Fürsprache.

Angelus, 7. Oktober 2007

4. Oktober

Franz von Assisi, Ordensgründer

Vor nunmehr acht Jahrhunderten hätte sich die Stadt Assisi schwer die Rolle vorstellen können, die ihr die göttliche Vorsehung zuwies, eine Rolle, die sie heute zu einer in der Welt so berühmten Stadt macht, einem wahren „Ort der Seele“. Was ihr diesen Charakter verliehen hat, war ein Ereignis, das sich hier begab und das ihr ein unauslöschliches Mal einprägte. Ich beziehe mich auf die Bekehrung des jungen Franziskus, der nach 25 Jahren eines mittelmäßigen und verträumten Lebens, das auf die Suche nach weltlichen Freuden und Erfolgen ausgerichtet war, sich der Gnade öffnete, zu sich kam und schrittweise in Christus das Ideal seines Lebens erkannte. [...] Franziskus von Assisi ist ein großer Erzieher unseres Glaubens und unseres Lobpreises. Er verliebte sich in Jesus Christus und begegnete so dem Antlitz des Gottes, der Liebe ist, er wurde dessen von

Leidenschaft erfüllter Sänger als wahrer „Narr Gottes". Im Licht der Seligpreisungen des Evangeliums ist die Sanftmut zu verstehen, mit der er die Beziehungen zu den anderen zu leben wußte, indem er sich zu allen in Demut gesellte und sich zum Zeugen und Stifter des Friedens machte.

ANGELUS, 17. JUNI 2007

5. OKTOBER

Nachdem sie die Botschaft des Engels empfangen hatte, war die erste Tat Mariens, daß sie zum Haus ihrer Base Elisabeth „eilte", um ihr zu dienen (vgl. Lk 1,39). Die Jungfrau Maria handelte aus echter, demütiger und mutiger Liebe, vom Glauben an das Wort Gottes und vom inneren Antrieb des Heiligen Geistes geführt. Wer liebt, vergißt sich selbst und stellt sich in den Dienst des Nächsten. Das ist das Bild, das Modell der Kirche! Jede kirchliche Gemeinschaft ist wie die Mutter Christi dazu aufgerufen, in voller Bereitschaft das Geheimnis Gottes anzunehmen, der kommt, um in ihr zu wohnen, und sie auf Wege der Liebe führt.

PREDIGT, 25. MÄRZ 2006 RK

6. OKTOBER

Angesichts der subjektivistischen und anarchischen Relativierung der sexuellen Erfahrung bekräftigt die Tradition der Kirche klar die rechtliche Natur der Ehe, das heißt ihre von Natur aus gegebene Zugehörigkeit zum Bereich der Gerechtigkeit in den zwischenmenschlichen Beziehungen. In dieser Hinsicht verknüpft sich das Recht wirklich mit dem Leben und der Liebe wie ein ihm innewohnendes „Gebot". Daher verweist, wie ich in meiner ersten Enzyklika geschrieben habe, der Eros „von der Schöpfung her den Menschen auf die Ehe, auf eine Bindung, zu der Einzigkeit und Endgültigkeit gehören. So, nur so erfüllt sich seine innere Weisung" (Deus caritas est 11). Liebe und Recht können sich so bis zu dem Punkt vereinen, daß schließlich Ehemann und Ehefrau einander die Liebe schulden, die sie spontan füreinander empfinden: Die Liebe ist in ihnen die Frucht ihres freien Wollens des Wohles des jeweils anderen und des Wohles der Kinder. Und das ist im übrigen auch ein Erfordernis der Liebe zum eigenen wahren Wohl.

ANSPRACHE, 27. JANUAR 2007

7. OKTOBER

UNSERE LIEBE FRAU VOM ROSENKRANZ

Die im Gebet verbrachte Zeit ist nie weggeworfen, so dringend die von allen Seiten auf uns lastenden Pflichten auch sein mögen. Die Anbetung Christi unseres Herrn im Allerheiligsten Sakrament verlängert und intensiviert die Einheit mit ihm, die durch die Eucharistiefeier entsteht (vgl. Sacramentum caritatis 66). Die Betrachtung der Geheimnisse des Rosenkranzes verströmt deren erlösende Kraft, indem sie uns mit Jesus Christus in Einklang bringt, uns mit ihm vereint und uns ihm weiht (vgl. Rosarium Virginis Mariae 11; 15). Die treue Einhaltung des Stundengebets stellt sicher, daß unser ganzer Tag geheiligt ist, und erinnert uns ständig an die Notwendigkeit, uns immer auf die Erfüllung des Werkes Gottes zu konzentrieren, ungeachtet der Dringlichkeiten und Ablenkungen, die angesichts der zu erfüllenden Aufgabe entstehen können.

ANSPRACHE, 16. APRIL 2008

8. OKTOBER

In der Menschwerdung des Sohnes Gottes erkennen wir die Anfänge der Kirche. Alles kommt von dort her. Jede geschichtliche Verwirklichung der Kirche und auch jede ihrer Institutionen muß sich auf jene Urquelle zurückbesinnen. Sie muß sich zurückbesinnen auf Christus, fleischgewordenes Wort Gottes. Er ist es, den wir immer feiern: der Immanuel, der Gott-mit-uns, durch den sich der Heilswille des Vaters erfüllt hat. Und dennoch [...] fließt die göttliche Quelle durch einen privilegierten Kanal: die Jungfrau Maria. Mit einem ausdrucksstarken Bild spricht der hl. Bernhard diesbezüglich von „aquaeductus“ (vgl. Sermo in Nativitate B. V. Mariae). Wenn wir die Menschwerdung des Sohnes feiern, ehren wir immer auch die Mutter. An sie erging die Verkündigung des Engels; sie nahm sie an, und als sie aus tiefstem Herzen antwortete: „Ich bin die Magd des Herrn; mir geschehe, wie du es gesagt hast“ (Lk 1,38), begann in jenem Augenblick das ewige Wort sein Dasein als Mensch in der Zeit.

PREDIGT, 25. MÄRZ 2006 RK

9. OKTOBER

Wer ist der mächtige Gott, der in den Tempel einzieht? Er ist ein Kind; er ist das Jesuskind in den Armen seiner Mutter, der Jungfrau Maria. Die Heilige Familie erfüllte, was das Gesetz vorschrieb: die Reinigung der Mutter, die Weihe des Erstgeborenen an Gott und seine Auslösung durch ein Opfer. [Die] Weissagung des Propheten Maleachi: „Dann kommt plötzlich zu seinem Tempel der Herr“ (Mal 3,1) [vermittelt] die ganze Eindringlichkeit der Sehnsucht, die die Erwartung des jüdischen Volkes jahrhundertelang beseelt hatte. Endlich zieht der „Engel des Bundes“ in sein Haus ein und unterwirft sich dem Gesetz: Er kommt nach Jerusalem, um in einer Haltung des Gehorsams in das Haus Gottes einzuziehen.

PREDIGT, 2. FEBRUAR 2006

10. OKTOBER

Von Maria und Joseph wurde Jesus durch den Besuch der Synagoge von Nazareth in die religiöse Gemeinschaft eingeführt. Mit ihnen hat er gelernt, die Wallfahrt nach Jerusalem zu machen [...] Als er zwölf Jahre alt war, blieb er im Tempel, und seine Eltern brauchten drei Tage, um ihn wiederzufinden. Mit dieser Geste gab er ihnen zu verstehen, daß er „in dem sein muß, was seinem Vater gehört“, das heißt daß er sich der Sendung widmen muß, die Gott ihm anvertraut hat (vgl. Lk 2,41–52). Diese Begebenheit aus dem Evangelium offenbart die wahrste und tiefste Berufung der Familie: nämlich die Berufung, jedes Mitglied auf dem Weg der Entdeckung Gottes und des Planes, den er für ihn vorgesehen hat, zu begleiten.

Angelus, 31. Dezember 2006

11. Oktober

Je mehr wir im Kontakt mit Jesus in der Realität unserer Taufe leben, um so mehr öffnet sich der Himmel über uns. Und aus dem Himmel kam [...] eine Stimme, die zu Jesus sagte: „Du bist mein geliebter Sohn, an dir habe ich Gefallen gefunden“ (Lk 3,22). Bei der Taufe wiederholt der himmlische Vater diese Worte auch für jedes dieser Kinder. Er sagt: „Du bist mein Sohn.“ Die Taufe ist Adoption und Aufnahme in die Familie Gottes, in die Gemeinschaft mit der Allerheiligsten Dreifaltigkeit, in die Gemeinschaft mit dem Vater, dem Sohn und dem Heiligen Geist. Deshalb muß die Taufe im Namen der Allerheiligsten Dreifaltigkeit gespendet werden. Diese Worte sind nicht nur eine Formel; sie sind Realität. Sie zeigen den Augenblick an, in dem eure Kinder als Kinder Gottes wiedergeboren werden. Von Kindern menschlicher Eltern werden sie im Sohn des lebendigen Gottes auch zu Kindern Gottes.

Predigt, 7. Januar 2007

12. Oktober

Ich finde diesen neuen Schritt, den das Abendmahl uns geschenkt hat, sehr schön angedeutet im Unterschied zwischen dem griechischen und dem lateinischen Wort für Anbetung. Das griechische Wort heißt „proskynesis“. Es bedeutet den Gestus der Unterwerfung, die Anerkennung Gottes als unseren wahren Maßstab, dessen Weisung wir folgen. Es bedeutet, daß Freiheit nicht bedeutet, sich auszuleben und für autonom zu halten, sondern sich nach dem Maß der Wahrheit und des Guten zu richten und so selbst wahr und gut zu werden. Dieser Gestus ist notwendig, auch wenn unser Freiheitsstreben ihm zunächst entgegensteht. Aber uns zueignen können wir ihn erst ganz in der zweiten Stufe, die sich im Abendmahl eröffnet. Das lateinische Wort für Anbetung heißt „ad-oratio" – Berührung von Mund zu Mund, Kuß, Umarmung und so im Tiefsten Liebe. Aus Unterwerfung wird Einung, weil der, dem wir uns unterwerfen, die Liebe ist. So wird Unterwerfung sinnvoll, weil sie uns nicht Fremdes auferlegt, sondern uns freimacht zum Innersten unserer selbst.

PREDIGT, 21. AUGUST 2005

13. OKTOBER

Von Gott sprechend sind wir auch genau bei dem, worum es Jesus in seiner irdischen Verkündigung zentral gegangen ist. Das Grundthema seiner Verkündigung ist die Herrschaft Gottes, das „Reich Gottes". Damit ist nicht etwas irgendwann in einer unbestimmten Zukunft Kommendes gemeint. Damit ist auch nicht die bessere Welt gemeint, die wir allmählich durch unsere eigene Kraft zu schaffen versuchen. In dem Wort „Reich Gottes" ist das Wort „Gott" ein sogenannter Genitiv des Subjekts. Das bedeutet: Gott ist nicht eine Zutat zum „Reich", die man vielleicht auch weglassen könnte. Gott ist das Subjekt. „Reich Gottes" heißt in Wirklichkeit: Gott herrscht. Er selbst ist da und ist bestimmend für die Menschen in der Welt. Er ist das Subjekt, und wo dieses Subjekt fehlt, bleibt nichts von der Botschaft Jesu übrig. Darum sagt uns Jesus: Das Reich Gottes kommt nicht so, daß man sich sozusagen daneben stellen und bei seinem Kommen zuschauen kann. „Es ist mitten unter euch" (vgl. Lk 17,20 f.). Es wird da, wo Gottes Wille geschieht. Es ist da, wo Menschen sich seiner Ankunft öffnen und damit Gott in die Welt einlassen. Darum ist Jesus das Reich Gottes in Person: der Mensch, in dem Gott in unserer Mitte ist und durch den wir Gott anrühren, in die Nähe Gottes kommen können. Wo dies geschieht, wird die Welt heil.

Ansprache, 22. Dezember 2006

14. Oktober

Nur von den Heiligen, nur von Gott her kommt die wirkliche Revolution, die grundlegende Änderung der Welt. Wir haben im abgelaufenen Jahrhundert die Revolutionen erlebt, deren gemeinsames Programm es war, nicht mehr auf Gott zu warten, sondern die Sache der Verfassung der Welt ganz selbst in die Hände zu nehmen. Und wir haben gesehen, daß damit immer ein menschlicher, ein parteilicher Standpunkt zum absoluten Maßstab genommen wurde. Das Absolutsetzen dessen, was nicht absolut, sondern relativ ist, heißt Totalitarismus. Es macht den Menschen nicht frei, sondern entehrt ihn und versklavt ihn. Nicht die Ideologien retten die Welt, sondern allein die Hinwendung zum lebendigen Gott, der unser Schöpfer, der Garant unserer Freiheit, der Garant des wirklich Guten und Wahren ist. Die wirkliche Revolution besteht allein in der radikalen Hinwendung zu Gott, der das Maß des Gerechten und zugleich die ewige Liebe ist. Und was könnte uns denn retten, wenn nicht die Liebe?

Predigt, 20. August 2005

15. Oktober

Teresa von Ávila,
Ordensfrau, Kirchenlehrerin

Wenn der Mensch seine Sicherheit auf die Reichtümer dieser Welt setzt, gelangt er nicht zum vollen Sinn des Lebens und zur wahren Freude; wenn er hingegen im Vertrauen auf das Wort Gottes um des Himmelreiches willen auf sich selbst und auf seine Güter verzichtet, verliert er anscheinend viel, gewinnt aber in Wirklichkeit alles. Die Heiligen sind eben jene Männer und Frauen, die voll Freude und großzügig auf den Ruf Christi antworten und alles verlassen, um ihm nachzufolgen. Wie Petrus und die anderen

Apostel, wie die hl. Teresa von Jesus, derer wir heute gedenken, und zahllose andere Freunde Gottes, so sind auch die neuen Heiligen diesen anspruchsvollen, aber Erfüllung schenkenden Weg des Evangeliums gegangen und haben schon im irdischen Leben „das Hundertfache" empfangen, wenn auch unter Prüfungen und Verfolgungen, und dann das ewige Leben.

PREDIGT, 15. OKTOBER 2006

16. OKTOBER

Indem er das Sakrament der Eucharistie einsetzt, nimmt Jesus das Kreuzesopfer und den Sieg der Auferstehung vorweg und schließt beides in das Sakrament ein. Zugleich offenbart er sich als das wahre Opferlamm, das im Plan des Vaters von Anbeginn der Welt vorgesehen war, wie der Erste Petrusbrief betont (vgl. 1,18–20). Indem Jesus seine Gabe in diesen Zusammenhang stellt, tut er die heilbringende Bedeutung seines Todes und seiner Auferstehung kund, dieses Geheimnisses, das somit zu einer Gegebenheit wird, welche die Geschichte und den gesamten Kosmos erneuert.

SACRAMENTUM CARITATIS 10

17. OKTOBER

IGNATIUS VON ANTIOCHIEN, BISCHOF, MÄRTYRER

Die heutige Katechese ist dem Kirchenvater Ignatius von Antiochien gewidmet. Dank einer von Eusebius von Cäsarea verfaßten Lebensbeschreibung wissen wir, daß Ignatius über drei Jahrzehnte als Bischof vorbildlich für die christliche Gemeinde in der antiken Metropole Antiochien sorgte. Aufgrund seines mutigen Bekenntnisses wurde er in Zeiten der Verfolgung zum Tode verurteilt und als Gefangener nach Rom überstellt. Während dieser Reise wandte er sich mit Briefen an Gemeinden und an Mitbrüder im Bischofsamt. Sieben dieser kostbaren Texte, aus denen die Glaubenskraft und die Hirtensorge eines Nachfolgers der Apostel spricht, sind uns erhalten. Das Hauptaugenmerk der

Briefe des Ignatius liegt auf der Einheit mit Christus und auf der Einheit in der Kirche. Wie der Evangelist Johannes und der Apostel Paulus fordert Ignatius die Gläubigen auf, innig mit Jesus vereint zu sein und den menschgewordenen Sohn Gottes in ihrem Leben nachzuahmen. So sieht er auch sein eigenes bevorstehendes Martyrium als abschließende und krönende Etappe seines Weges zu Christus hin, dessen Leiden er teilen möchte. Aber auch die Gläubigen untereinander sollen die Einheit im Glauben und in der Liebe bewahren, in deren Dienst ganz besonders die Bischöfe, die Priester und die Diakone stehen.

Generalaudienz, 14. März 2007

18. Oktober — Lukas, Evangelist

[...] das 15. Kapitel des Lukasevangeliums [ist einer] der erhabensten und ergreifendsten Abschnitte der ganzen Heiligen Schrift. [...] diese Frohe Botschaft der Wahrheit und des Heils [...]: Gott ist barmherzige Liebe. Der Evangelist Lukas hat in diesem Kapitel drei Gleichnisse über die göttliche Barmherzigkeit gesammelt: die beiden kürzeren, die er mit Matthäus und Markus gemeinsam hat, sind die Gleichnisse vom verlorenen Schaf und von der verlorenen Drachme; das dritte, lange, ausführliche Gleichnis, das sich nur bei ihm findet, ist das berühmte Gleichnis vom barmherzigen Vater, das gewöhnlich das „Gleichnis vom verlorenen Sohn“ genannt wird. In diesem Abschnitt des Evangeliums ist es so, als hörte man gleichsam die Stimme Jesu, der uns das Antlitz seines Vaters und unseres Vaters offenbart. Im Grunde ist er dazu auf die Welt gekommen, um zu uns vom Vater zu sprechen; um ihn uns verlorenen Söhnen bekanntzumachen und in unseren Herzen die Freude zu wecken ihm zu gehören, die Hoffnung, Vergebung zu finden und unsere volle Würde zurückerstattet zu bekommen, und den Wunsch, für immer in seinem Haus zu wohnen, das auch unser Haus ist.

Angelus, 16. September 2007

19. Oktober

Jesus hat sein ganzes Leben, von den stillen Jahren in Nazareth bis in den Augenblick des Todes am Kreuz, im Hören auf den Vater, im Gehorsam zum Vater gelebt. Sehen wir exemplarisch auf die Nacht am Ölberg hin. „Nicht mein Wille geschehe, sondern der Deinige." Jesus nimmt in diesem Beten unser aller widerstrebenden Eigenwillen in seinen Sohneswillen hinein, wandelt unsere Rebellion in seinen Gehorsam um. Jesus war ein Betender. Darin war er aber zugleich ein Hörender und Gehorchender: „Gehorsam geworden bis zum Tod, bis zum Tod am Kreuz" (Phil 2,8).

Ansprache, 8. September 2007

20. Oktober

Beda [Venerabilis] erinnert daran, daß „diejenigen weinten und klagten, die Christus liebten, als sie sahen, wie er von den Gegnern gefangengenommen, gefesselt und vor Gericht gestellt, verurteilt, gegeißelt, verhöhnt und zuletzt gekreuzigt, von der Lanze durchbohrt und begraben wurde. Diejenigen, die die Welt liebten, freuten sich (...), als sie den, dessen Anblick allein ihnen schon lästig war, zum schändlichen Tod verurteilten. Die Jünger betrauerten den Tod des Herrn, aber nachdem sie von seiner Auferstehung erfahren hatten, verwandelte sich ihre Trauer in Freude." Als sie dann das Wunder der Himmelfahrt gesehen hatten, lobten und priesen sie den Herrn mit noch größerer Freude, wie der Evangelist Lukas bezeugt (vgl. Lk 24,53). Die Worte des Herrn passen für alle Gläubigen, die unter Tränen und Bedrängnissen in der Welt zu den ewigen Freuden gelangen wollen und jetzt zu Recht weinen und trauern, weil sie ihn, den sie lieben, noch nicht sehen können [...] Ihre Trauer wird sich in Freude verwandeln, wenn sie, nachdem sie diesen Lebenskampf beendet haben, den Lohn des ewigen Lebens empfangen, wie es im Psalm heißt: ‚die mit Tränen säen, werden mit Jubel ernten'“ (Omelie sul Vangelo, 2,13).

GENERALAUDIENZ, 17. AUGUST 2005

21. OKTOBER

Judentum, Christentum und Islam glauben an den einen Gott, Schöpfer des Himmels und der Erde. Daraus folgt, daß alle drei monotheistischen Religionen zur Zusammenarbeit für das Gemeinwohl der Menschheit aufgerufen sind, indem sie der Sache der Gerechtigkeit und des Friedens in der Welt dienen. Dies ist besonders in der heutigen Zeit wichtig, in der mit besonderer Aufmerksamkeit die Ehrfurcht vor Gott, vor den Religionen und ihren Symbolen sowie vor heiligen Orten und Kultstätten gelehrt werden muß. Die Anführer der Religionsgemeinschaften tragen die Verantwortung, durch aufrichtigen Dialog und Gesten menschlicher Solidarität auf Versöhnung hinzuarbeiten.

ANSPRACHE, 16. MÄRZ 2006

22. OKTOBER

Schauen wir auf den am Kreuz durchbohrten Christus! Er ist die erschütterndste Offenbarung der Liebe Gottes, einer Liebe, in der Eros und Agape jenseits von allem Gegensatz sich gegenseitig erhellen. Am Kreuz bettelt Gott selbst um die Liebe seines Geschöpfes: Ihn dürstet nach der Liebe eines jeden von uns. Der Apostel Thomas hat in Jesus den „Herrn und Gott“ erkannt, als er die Hand in die Seitenwunde legte. Es überrascht nicht, daß viele Heilige im Herzen Jesu den bewegendsten Ausdruck des Geheimnisses dieser Liebe sehen. Man könnte geradezu sagen, daß die Offenbarung des „Eros“ Gottes gegenüber dem Menschen in Wirklichkeit der höchste Ausdruck seiner „Agape“ ist. Fürwahr nur die Liebe, in der sich die kostenlose Selbsthingabe und der leidenschaftliche Wunsch nach Gegenseitigkeit vereinen, gewährt eine Trunkenheit, welche die schwersten Opfer leicht macht.

Botschaft, 21. November 2006

23. Oktober

Die Mutterschaft Mariens, die mit dem „fiat" von Nazareth begonnen hat, findet ihre Vollendung unter dem Kreuz. Wenn es wahr ist, daß – wie der hl. Anselm schreibt – „Maria von dem Augenblick an, in dem sie das ‚fiat' gesprochen hatte, uns alle unter ihrem Herzen zu tragen begann", dann begann tatsächlich die Berufung und mütterliche Sendung der Jungfrau gegenüber denen, die an Christus glauben, in dem Moment, als Jesus zu ihr sagte: „Frau, siehe, dein Sohn!" (Joh 19,26). Als der sterbende Christus vom Kreuz herab die Mutter sah und bei ihr den Jünger, den er liebte, erkannte er die Erstlingsfrucht der neuen Familie, die in der Welt ins Leben zu rufen er gekommen war, die Keimzelle der Kirche und der neuen Menschheit. Deshalb wandte er sich an Maria und nannte sie „Frau" und nicht „Mutter"; diese Bezeichnung hingegen gebrauchte er, als er sie dem Jünger anvertraute: „Siehe, deine Mutter!" (Joh 19,27).

Predigt, 29. November 2006

24. Oktober

Jesus ist auferstanden, er ist der Lebendige, und wir können ihm begegnen. So wie ihm die Frauen begegnet sind, die sich am Morgen des dritten Tages, dem Tag nach dem Sabbat, zum Grab begeben hatten; so wie ihm die Jünger begegnet sind, die überrascht und verstört über das waren, was ihnen die Frauen berichtet hatten; so wie ihm viele andere Zeugen in den Tagen nach seiner Auferstehung begegnet sind. Und auch nach seiner Himmelfahrt ist Jesus weiterhin unter seinen Freunden gegenwärtig geblieben, wie er es im übrigen verheißen hatte: „Ich bin bei euch alle Tage bis zum

Ende der Welt" (Mt 28,20). Der Herr ist bei uns, bei seiner Kirche bis ans Ende der Zeiten.

GENERALAUDIENZ, 26. MÄRZ 2008

25. OKTOBER

„Fürchte dich nicht, Maria!" In der Stunde zu Nazareth hatte der Engel zu dir auch gesagt: „Seines Reiches wird kein Ende sein" (Lk 1,33). War es zu Ende, bevor es begonnen hatte? Nein, beim Kreuz warst du von Jesu eigenem Wort her zur Mutter der Glaubenden geworden. In diesem Glauben, der auch im Dunkel des Karsamstags Gewißheit der Hoffnung war, bist du auf den Ostermorgen zugegangen. Die Freude der Auferstehung hat dein Herz berührt und dich nun neu mit den Jüngern zusammengeführt, die Familie Jesu werden sollten durch den Glauben. So warst du inmitten der Gemeinschaft der Glaubenden, die in den Tagen nach der Himmelfahrt Jesu einmütig um die Gabe des Heiligen Geistes beteten (vgl. Apg 1,14) und sie dann am Pfingsttag empfingen. Das „Reich" Jesu war anders, als die Menschen es hatten erdenken können. Es begann in jener Stunde, und dieses „Reiches" wird kein Ende sein. So bleibst du inmitten der Jünger als ihre Mutter, als Mutter der Hoffnung. Hl. Maria, Mutter Gottes, unsere Mutter, lehre uns mit dir glauben und hoffen und lieben. Zeige uns den Weg zu seinem Reich. Stern des Meeres, leuchte uns und führe uns auf unserem Weg!

SPE SALVI 50

26. OKTOBER

Wenn die Vernunft aus Sorge um ihre vermeintliche Reinheit taub wird für die große Botschaft, die ihr aus dem christlichen Glauben und seiner Weisheit zukommt, dann verdorrt sie wie ein Baum, dessen Wurzeln nicht mehr zu den Wassern hinunterreichen, die ihm Leben geben. Sie verliert den Mut zur Wahrheit und wird so nicht größer, sondern kleiner. Auf unsere europäische Kultur angewandt heißt dies: Wenn sie sich nur selbst aus ihrem Argumentationszirkel und dem ihr jetzt Einleuchtenden konstruieren will und sich aus Furcht um ihre Säkularität von den Wurzeln abschneidet, von denen sie lebt, dann wird sie nicht vernünftiger und reiner, sondern zerfällt.

TEXT DER VORLESUNG VOM 17. JANUAR 2008

27. OKTOBER

Wir können uns fragen: Warum hat Gott aus allen Frauen gerade Maria von Nazareth auserwählt? Die Antwort liegt verborgen im unergründlichen Geheimnis des göttlichen Willens. Es gibt jedoch einen Grund, den das Evangelium deutlich herausstellt: ihre Demut. Sehr gut betont dies Dante Alighieri im letzten Gesang des Paradieses: „Jungfrau und Mutter, Tochter deines Sohnes, vor allen Wesen groß und voll von Demut, vorbestimmtes Ziel im ewigen Rate" (Paradies, XXXIII,1–3). Die Jungfrau selbst sagt in ihrem Lobgesang, dem Magnifikat: „Meine Seele preist die Größe des Herrn (...) Denn auf die Niedrigkeit seiner Magd hat er geschaut" (Lk 1,46.48). Ja, Gott wurde von Marias Demut angezogen, und sie hat bei Gott Gnade gefunden (vgl. Lk 1,30). So wurde sie zur Mutter Gottes, zum Bild und Vorbild der Kirche, unter den Völkern erwählt, um den Segen des Herrn zu empfangen und ihn auf die ganze Menschheitsfamilie zu verteilen. Dieser „Segen" ist kein anderer als Jesus Christus. Er ist die Quelle der Gnade, mit der Maria vom ersten Augenblick ihres Daseins an erfüllt war. Sie hat Jesus voll Glauben aufgenommen und hat ihn voll Liebe der Welt geschenkt. Das ist auch unsere Berufung und unsere Sendung, die Berufung und Sendung der Kirche: Christus in unser Leben aufzunehmen und ihn der Welt zu schenken, „damit die Welt durch ihn gerettet wird" (Joh 3,17).

ANGELUS, 8. DEZEMBER 2006

28. Oktober

Im Mittelpunkt stehen heute die Heiligen Simon und Judas Thaddäus. In den Apostellisten werden sie immer zusammen angeführt. Simon wird dort „Kananäus“ oder „der Zelot“; d.h. „Eiferer“, genannt. Diese Beinamen bringen den Eifer dieses Jüngers für die jüdische Identität, für Gott und sein Bundesvolk und das Gesetz zum Ausdruck, erinnern uns daran, daß Matthäus, der Zöllner, der eher am Rand der jüdischen Identität war, auch zur Apostelgruppe gehörte, und daß in der Gemeinschaft Jesu unterschiedliche Temperamente, unterschiedliche Schichten und Charismen zur Einheit zusammenfinden – als Vorbild für die Kirche, in der auch Menschen, Völker, Gaben ganz unterschiedlicher Art durch ihn zur Einheit kommen. Der Beinamen Thaddäus bedeutet wohl soviel wie großmütig, ein Mann des weiten Herzens. Dieser Thaddäus hat Jesus im Abendmahlssaal gefragt, warum er sich als Auferstandener nicht der Welt, sondern nur den Seinen zeigen wollte. Und Jesus hat ihm erklärt, daß man den Auferstandenen von innen her mit dem Herzen sehen muß. Dieser Apostel Judas Thaddäus hat der Überlieferung nach die Urheberschaft des Judasbriefes im Neuen Testament, der uns nachdrücklich zu einem gelebten Christentum auffordert, dazu auffordert, nicht wie Irrlichter herumzulaufen, sondern klar und entschieden den Weg Jesu Christi zu gehen.

Generalaudienz, 11. Oktober 2006

29. Oktober

Für unsere laizistische Welt ist es wichtig zu sehen, daß für den Dialog mit den anderen Welten gerade auch der christliche Glaube nicht ein Hindernis, sondern eine Brücke ist. Man darf nicht meinen, die rein rationale Kultur, die hätte es aufgrund ihrer Toleranz leichter, mit den anderen Religionen zu Rande zu kommen. Ihr fehlt weitgehend das religiöse Organ und gerade damit eigentlich der Bezugspunkt, auf den hin die anderen ansprechen und angesprochen werden wollen. Insofern müssen wir zeigen, können wir zeigen, daß gerade für die neue Interkulturalität, in der wir leben, die pure, von Gott losgelöste Rationalität nicht genügt, sondern eine weite Rationalität nötig ist, die Gott in der Einheit mit der Vernunft sieht, und daß unser christlicher Glaube, der sich in Europa entwickelt hat, auch ein Mittel ist, um Vernunft und Kultur zueinander zu bringen und in einer verständnisvollen Einheit auch des Handelns miteinander zu halten. In dem Sinn haben wir, glaube ich, einen großen Auftrag, daß wir zeigen: Dieses Wort, das wir haben, gehört nicht in die Mottenkiste der Geschichte, sondern es ist jetzt gerade notwendig.

INTERVIEW, 5. AUGUST 2006

30. OKTOBER

Mit den Worten des hl. Bernhard [von Clairvaux] lade ich einen jeden ein, vor Maria so vertrauensvoll „Kind" zu werden, wie Gottes Sohn selbst es getan hat. Der hl. Bernhard sagt, und wir sagen es mit ihm: „Mitten in Gefahren, Nöten und Unsicherheiten denke an Maria, rufe Maria an. Ihr Name weiche nicht aus deinem Mund, weiche nicht aus deinem Herzen (...) Folge ihr, dann wirst du dich nicht verirren, rufe sie an, dann kannst du nicht verzweifeln, denk an sie, dann irrst du nicht. Hält sie dich fest, kannst du nicht fallen; schützt sie dich, dann fürchte nichts; führt sie dich, wirst du nicht müde; ist sie dir gnädig, dann kommst du sicher ans Ziel."

ANSPRACHE, 9. SEPTEMBER 2007

31. OKTOBER

Ja, wir wollen dir, jungfräuliche Gottesmutter und unsere geliebte Mutter, danken für deine Fürbitte für die Kirche.

Du, die du durch das vorbehaltlose Bekenntnis zum göttlichen Willen dich mit deiner ganzen Kraft der Person und dem Wirken deines Sohnes gewidmet hast, lehre uns, die Geheimnisse des Lebens Christi im Herzen zu bewahren und still zu betrachten, wie du es getan hast.

Du, die du bis Golgotha gegangen bist, stets in tiefer Verbundenheit mit deinem Sohn, der dich am Kreuz dem Jünger Johannes als Mutter anvertraut hat, laß auch uns immer, in jedem Augenblick des Lebens, vor allem in den Momenten der Finsternis und Prüfung, deine Nähe spüren.

Du, die du zu Pfingsten zusammen mit den Aposteln im Gebet um die Gabe des Heiligen Geistes für die im Entstehen begriffene Kirche gefleht hast, hilf uns auszuharren in der treuen Nachfolge Christi. Auf dich richten wir vertrauensvoll unseren Blick, als „Zeichen der sicheren Hoffnung und des Trostes bis zur Ankunft des Tages des Herrn" (Lumen gentium 68).

Zu dir, Maria, flehen die Gläubigen in aller Welt mit inständigem Gebet darum, daß du, im Himmel über die Engel und Heiligen erhöht, bei deinem Sohn für uns Fürbitte einlegst, „bis alle Völkerfamilien, mögen sie den christlichen Ehrennamen tragen oder ihren Erlöser nicht kennen, in Friede und Eintracht glückselig zum einen Gottesvolk versammelt werden, zur Ehre der heiligsten und ungeteilten Dreifaltigkeit" (ebd. 69).

Gebet, 8. Dezember 2005

November

1. November

Allerheiligen

Das in der Taufe empfangene neue Leben ist nicht der Verwesung und der Macht des Todes unterworfen. Für den, der in Christus lebt, ist der Tod der Übergang von der irdischen Pilgerschaft zur himmlischen Heimat, wo der Vater alle seine Kinder „aus allen Nationen und Stämmen, Völkern und Sprachen" aufnimmt, wie wir heute im Buch der Offenbarung lesen (Offb 7,9). Deshalb ist es bedeutsam und angebracht, daß wir in der Liturgie nach dem Hochfest Allerheiligen morgen das Gedenken aller verstorbenen Gläubigen begehen. Die „Gemeinschaft der Heiligen", die wir im Credo bekennen, ist eine Realität, die sich hier unten aufbaut, die aber erst voll sichtbar wird, wenn wir Gott sehen werden, „wie er ist" (1 Joh 3,2). Es ist die Realität einer Familie, die durch die tiefen Bande einer geistlichen Solidarität verbunden ist und so die verstorbenen Gläubigen mit denen verbindet, die noch Pilger auf Erden sind. Eine geheimnisvolle, aber wirklich vorhandene Verbindung, die vom Gebet und von der Teilnahme am Sakrament der Eucharistie gespeist wird.

Angelus, 1. November 2005

2. November

Allerseelen

Die Kirche hat in ihrer Weisheit das Fest Allerheiligen und den Gedenktag Allerseelen eng aufeinanderfolgen lassen.

Unserem Gebet des Lobpreises Gottes und der Verehrung der Seligen, die uns die Liturgie heute als „eine große Schar aus allen Nationen und Stämmen, Völkern und Sprachen" vorstellt (Offb 7,9), schließt sich das Fürbittgebet für all jene an, die uns im Übergang von dieser Welt zum ewigen Leben vorausgegangen sind. [...] In Wahrheit lädt uns die Kirche jeden Tag dazu ein, für sie zu beten und dabei auch die Leiden und die alltäglichen Mühen aufzuopfern, damit sie, vollends geläutert, zum ewigen Genuß des Lichtes und des Friedens des Herrn zugelassen werden.

Angelus, 1. November 2007

3. November

Im mystischen Leib Christi begegnen sich die Seelen der Gläubigen nach Überwindung der Schranken des Todes, sie beten füreinander und vollziehen in Liebe einen vertrauensvollen Gabenaustausch. In dieser Glaubensdimension ist auch die Gepflogenheit zu verstehen, der Verstorbenen durch Gebete zu gedenken, besonders in der Darbringung des eucharistischen Opfers als Gedächtnis des Pascha Christi, das den Gläubigen den Übergang zum ewigen Leben geöffnet hat.

Angelus, 1. November 2005

4. November

[...] schon im Frühjudentum gibt es den Gedanken, daß man den Verstorbenen in ihrem Zwischenzustand durch Gebet zu Hilfe kommen kann (z.B. 2 Makk 12,38–45; 1. Jahrhundert v. Chr.). Die entsprechende Praxis ist ganz selbstverständlich von den Christen übernommen worden, und sie ist der Ost- und Westkirche gemeinsam. Der Osten kennt kein reinigendes und sühnendes Leiden der Seelen im „Jenseits", wohl aber verschiedene Stufen der Seligkeit oder auch des Leidens im Zwischenzustand. Den Seelen der Verstorbenen kann aber durch Eucharistie, Gebet und Almosen „Erholung und Erfrischung“ geschenkt werden. Daß Liebe ins Jenseits hinüberreichen kann, daß ein beiderseitiges Geben und Nehmen möglich ist, in dem wir einander über die Grenze des Todes hinweg zugetan bleiben, ist eine Grundüberzeugung der Christenheit durch alle Jahrhunderte hindurch gewesen und bleibt eine tröstliche Erfahrung auch heute.

SPE SALVI 48

5. NOVEMBER

„Was muß ich tun, um das ewige Leben zu gewinnen?“ [vgl. Mt 19,16] Wir wollen leben und nicht sterben. Wir spüren, daß etwas uns offenbart, daß das Leben ewig ist und man sich anstrengen muß, damit dies geschieht. Es liegt also in unseren Händen und hängt in gewisser Weise von unserer Entscheidung ab. [...] es besteht hier und jetzt eine Verpflichtung gegenüber der Gegenwart, die Authentizität und folglich die Zukunft gewährleisten soll. Kurz gesagt, der Sinn des Lebens wird hinterfragt. Daher kann die Frage so formuliert werden: Was muß ich tun, damit mein Leben einen Sinn hat? Oder: Wie muß ich leben, um die Früchte des Lebens in Fülle zu ernten? Oder auch: Was muß ich tun, damit mein Leben nicht nutzlos vorübergeht? Jesus ist der einzige, der uns eine Antwort geben kann, weil er der einzige ist, der uns das ewige Leben gewährleisten kann. Daher ist er auch der einzige, der den Sinn des gegenwärtigen Lebens aufzeigen und ihm Inhalt in Fülle verleihen kann.

ANSPRACHE, 10. MAI 2007

6. NOVEMBER

Wenn Gott fehlt, schwindet auch die Hoffnung. Alles verliert an „Dichte“. Es ist, als würde die Tiefendimension verloren gehen und als würde alles verflachen und seiner symbolischen Bedeutung beraubt werden, seines „Herausragens“ über das rein Materielle. Auf dem Spiel steht die Beziehung zwischen der Existenz hier und jetzt und dem, was wir

„Jenseits“ nennen: Es ist kein Ort, zu dem wir nach dem Tod gelangen werden, es ist vielmehr die Wirklichkeit Gottes, die Fülle des Lebens, nach der jeder Mensch sozusagen ausgestreckt ist. Auf diese Erwartung des Menschen hat Gott in Christus mit dem Geschenk der Hoffnung geantwortet.

PREDIGT, 1. DEZEMBER 2007

7. NOVEMBER

Glaube, Hoffnung und Liebe gehören zusammen. Die Hoffnung artikuliert sich praktisch in der Tugend der Geduld, die im Guten auch in der scheinbaren Erfolglosigkeit nicht nachläßt, und in der Tugend der Demut, die Gottes Geheimnis annimmt und ihm auch im Dunklen traut. Der Glaube zeigt uns den Gott, der seinen Sohn für uns hingegeben hat, und gibt uns so die überwältigende Gewißheit, daß es wahr ist: Gott ist Liebe! Auf diese Weise verwandelt er unsere Ungeduld und unsere Zweifel in Hoffnungsgewißheit, daß Gott die Welt in Händen hält und daß er trotz allen Dunkels siegt, wie es in ihren erschütternden Bildern zuletzt strahlend die Geheime Offenbarung zeigt.

DEUS CARITAS EST 39

8. NOVEMBER

Die Eucharistiefeier, in der wir den Tod des Herrn verkünden, seine Auferstehung preisen und auf seine Wiederkunft warten, ist ein Unterpfand der zukünftigen Herrlichkeit, in der auch unser Leib verherrlicht sein wird. Indem wir das Gedächtnis unseres Heiles feiern, stärkt sich in uns die Hoffnung auf die Auferstehung des Fleisches und auf die Möglichkeit, denjenigen wieder von Angesicht zu Angesicht zu begegnen, die uns im Zeichen des Glaubens vorangegangen sind. Aus dieser Sicht möchte ich [...] alle Gläubigen an die Wichtigkeit des Fürbittgebetes – insbesondere der Meßfeiern – für die Verstorbenen erinnern, damit sie geläutert zur seligen Schau Gottes gelangen können. Wenn wir die eschatologische Dimension wiederentdecken, die der gefeierten und angebeteten Eucharistie innewohnt, werden wir unterstützt auf unserem Weg und getröstet in der Hoffnung auf die Herrlichkeit (vgl. Röm 5,2; Tit 2,13).

Sacramentum caritatis 32

9. November

Weihetag der Lateranbasilia

Gibt es eine große Hoffnung, so kann man in der Nüchternheit beharren. Fehlt die wahre Hoffnung, so sucht man das Glück in der Trunkenheit, im Überflüssigen, in den Ausschweifungen und richtet so sich selbst und die Welt zugrunde. Die Mäßigung ist darum nicht nur eine asketische Regel, sondern auch ein Weg des Heils für die Menschheit. Es ist nunmehr offensichtlich, daß nur dann, wenn ein nüchterner Lebensstil angenommen wird, der vom ernsthaften Einsatz für eine gerechte Verteilung der Reichtümer begleitet ist, es möglich sein wird, eine Ordnung der gerechten und nachhaltigen Entwicklung zu errichten. Deshalb bedarf es Menschen, die eine große Hoffnung hegen und daher viel Mut haben.

Predigt, 6. Januar 2008

10. November

Über die endgültige Wiederkunft Christi in der Parusie ist uns gesagt, daß er nicht allein, sondern mit allen seinen Heiligen kommen wird. So ist jeder Heilige, der in die Geschichte hereintritt, schon ein Stück der Wiederkunft Christi, ein neues Ankommen des Herrn, das uns sein Bild auf neue Weise zeigt, uns seiner Gegenwart gewiß werden läßt. Jesus Christus gehört nicht der Vergangenheit an und ist nicht in eine weit entfernte Zukunft entrückt, um die wir gar nicht bitten mögen. Er kommt in einer großen Prozession von Heiligen. Er ist immer schon mit seinen Heiligen unterwegs zu uns, in unser Heute.

Ansprache, 21. Dezember 2007

11. November

Martin, Bischof

Schauen wir [...] auf die Heiligen, [...] welche die Liebe in beispielhafter Weise verwirklicht haben. Im besonderen denken wir dabei an Martin von Tours († 397), den Soldaten, der später Mönch und Bischof wurde: Wie eine Ikone verdeutlicht er den unersetzlichen Wert des individuellen Liebes-Zeugnisses. Vor den Toren von Amiens teilt Martin seinen Mantel mit einem Armen. In der folgenden Nacht erscheint ihm, mit diesem Mantel bekleidet, Jesus selbst im Traum, um die ewige Gültigkeit der Worte aus dem Evangelium zu bestätigen: „Ich war nackt, und ihr habt mir Kleidung gegeben (...) Was ihr für einen meiner geringsten Brüder getan habt, das habt ihr mir getan" (Mt 25,36.40).

Deus caritas est 40

12. November

„Dein Antlitz, o Herr, will ich suchen": Das Antlitz des Herrn zu suchen muß unser aller Wunsch, der Wunsch aller Christen sein; wir nämlich sind „die Menschen", die in dieser Zeit sein Antlitz suchen, das Antlitz des „Gottes Jakobs". Wenn wir beharrlich sind in der Suche nach dem Antlitz des Herrn, dann wird am Ende unserer irdischen Pilgerreise Jesus unsere ewige Freude, unsere immerwährende Belohnung und Herrlichkeit sein: „Sis Jesu nostrum gaudium, / qui es futurus praemium: / sit nostra in te gloria, / per cuncta semper saecula" [O Jesus, unsere Freude sei, / sei Lohn auch in der Ewigkeit, / in dir allein nur wollen wir / uns rühmen jetzt und allezeit; Hymnus „Jesu dulcis memoria"].

Ansprache, 1. September 2006

13. November

Das Wort „ewiges Leben" [...] ist notwendigerweise ein irritierendes, ein ungenügendes Wort. Denn bei „ewig" denken wir an Endlosigkeit, und die schreckt uns; bei Leben denken wir an das von uns erfahrene Leben, das wir lieben und nicht verlieren möchten, und das uns doch zugleich immer wieder mehr Mühsal als Erfüllung ist, so daß wir es einerseits wünschen und zugleich doch es nicht wollen. Wir können nur versuchen, aus der Zeitlichkeit, in der wir gefangen sind, herauszudenken und zu ahnen, daß Ewigkeit nicht eine immer weitergehende Abfolge von Kalendertagen ist, sondern etwas wie der erfüllte Augenblick, in dem uns das Ganze umfängt und wir das Ganze umfangen. Es wäre der Augenblick des Eintauchens in den Ozean der unendlichen Liebe, in dem es keine Zeit, kein Vor- und Nachher mehr gibt.

SPE SALVI 12

14. NOVEMBER

Wollen wir das eigentlich – ewig leben? Vielleicht wollen viele Menschen den Glauben heute einfach deshalb nicht, weil ihnen das ewige Leben nichts Erstrebenswertes zu sein scheint. Sie wollen gar nicht das ewige Leben, sondern dieses jetzige Leben, und der Glaube an das ewige Leben scheint dafür eher hinderlich zu sein. Ewig – endlos – weiterzuleben scheint eher Verdammnis als ein Geschenk zu sein. Gewiß, den Tod möchte man so weit hinausschieben wie nur irgend möglich. Aber immerfort und ohne Ende zu leben – das kann doch zuletzt nur langweilig und schließlich unerträglich sein. Genau das sagt zum Beispiel der Kirchenvater Ambrosius bei der Grabrede für seinen heimgegangenen Bruder Satyrus: „Der Tod gehörte zwar nicht zur Natur, aber er ist zu Natur geworden. Gott hat ihn nicht von Anfang an vorgesehen, sondern hat ihn als Heilmittel geschenkt (...) Der Übertretung wegen ist das Leben des Menschen von der täglichen Mühsal und von unerträglichem Jammer gezeichnet und so erbärmlich geworden. Ein Ende der Übel mußte gesetzt werden, damit der Tod wiederherstelle, was das Leben verloren hat. Unsterblichkeit wäre mehr Last als Gabe, wenn nicht die Gnade hineinleuchten würde".

SPE SALVI 10

15. NOVEMBER

Eigentlich wollen wir doch nur eines – „das glückliche Leben", das Leben, das einfach Leben, einfach „Glück" ist. Um gar nichts anderes beten wir im letzten. Zu nichts anderem sind wir unterwegs – nur um das eine geht es. Aber Augustin sagt dann auch: Genau besehen wissen wir gar nicht, wonach wir uns eigentlich sehnen, was wir eigentlich möchten. Wir kennen es gar nicht; selbst solche Augenblicke, in denen wir es zu berühren meinen, erreichen es nicht wirklich. „Wir wissen nicht, was wir bitten sollen", wiederholt er ein Wort des hl. Paulus (Röm 8,26). Wir wissen nur: Das ist es nicht. Im Nichtwissen wissen wir doch, daß es sein muß. „Es gibt da, um es so auszudrücken, eine gewisse wissende Unwissenheit" (docta ignorantia), schreibt er. Wir wissen nicht, was wir wirklich möchten; wir kennen dieses „eigentliche Leben" nicht; und dennoch wissen wir, daß es etwas geben muß, das wir nicht kennen und auf das hin es uns drängt (vgl. Ep. 130 Ad Probam 14,25–15,28).

SPE SALVI 11

16. NOVEMBER

Es stehen sich [...] zwei verschiedene Bewertungsmaßstäbe der Dimension „Zeit" gegenüber, ein quantitativer und ein qualitativer. Einerseits der Sonnenzyklus mit seinen Rhythmen und anderseits das, was der hl. Paulus die „erfüllte Zeit" (vgl. Gal 4,4) nennt, das heißt der Höhepunkt der Geschichte des Universums und des Menschengeschlechts, als der Sohn Gottes auf die Welt kam. Die Zeit der Verheißungen ist vollendet und, als die Schwangerschaft Marias zu ihrem Ende kam, „hat das Land“ – so heißt es in einem Psalm – „seinen Ertrag gegeben“ (Ps 67,7). Das Kommen des von den Propheten angekündigten Messias ist das in qualitativer Hinsicht wichtigste Ereignis der gesamten Geschichte, der es ihren letzten und vollen Sinn verleiht. Nicht die geschichtlich-politischen Koordinaten sind es, die die Entscheidungen Gottes bedingen, im Gegenteil, es ist vielmehr das Ereignis der Menschwerdung, das die Geschichte mit Wert und Bedeutung „erfüllt“.

PREDIGT, 31. DEZEMBER 2006

17. NOVEMBER

Wahr ist, daß die Abschaffung des Todes oder auch sein praktisch unbegrenztes Hinausschieben die Erde und die Menschheit in einen unmöglichen Zustand versetzen und auch dem einzelnen selber keine Wohltat erweisen würde. Offenbar gibt es da einen Widerspruch in unserer Haltung, der auf eine innere Widersprüchlichkeit unserer Existenz selbst verweist. Einerseits wollen wir nicht sterben, will vor allem auch der andere, der uns gut ist, nicht, daß wir sterben. Aber andererseits möchten wir doch auch nicht endlos so weiterexistieren, und auch die Erde ist dafür nicht geschaffen. Was wollen wir also eigentlich? Diese Paradoxie unserer eigenen Haltung löst eine tiefere Frage aus: Was ist das eigentlich „Leben“? Und was bedeutet das eigentlich „Ewigkeit“? Es gibt Augenblicke, in denen wir plötzlich spüren: Ja, das wäre es eigentlich – das wahre „Leben“ – so müßte es sein.

SPE SALVI 11

18. NOVEMBER

Liebe Brüder und Schwestern, laßt uns [...] unseren Geist [...] auf unsere höchste und endgültige Bestimmung richten, die dem täglichen Leben einen Sinn gibt. Stärken wir die Freude über die Gemeinschaft der Heiligen, und lassen wir uns von ihnen anziehen, dem Ziel unseres Daseins entgegen: der Begegnung mit Gott von Angesicht zu Angesicht. Beten wir dafür, daß dies das Erbe aller verstorbenen Gläubigen sei, nicht nur unserer Angehörigen, sondern das aller Seelen, vor allem derer, die vergessen sind und die des Erbarmens Gottes am meisten bedürfen. Die Jungfrau Maria, Königin aller Heiligen, leite uns, damit wir in jedem Augenblick das ewige Leben wählen, „das Leben der kommenden Welt", wie wir im Glaubensbekenntnis sprechen, einer Welt, die mit der Auferstehung Christi bereits begonnen hat und deren Kommen wir durch unsere aufrichtige Umkehr und die Werke der Nächstenliebe beschleunigen können.

Angelus, 1. November 2006

19. November — Elisabeth von Thüringen, Landgräfin

Elisabeth, eine „europäische" Heilige, wurde in einem gesellschaftlichen Umfeld geboren, das von der noch frischen Evangelisierung geprägt war. Andreas und Gertrude, die Eltern dieser wahren Zierde des neuen christlichen Ungarn, bemühten sich, sie in dem Bewußtsein ihrer Würde als von Gott angenommene Tochter zu erziehen. Elisabeth machte sich den Plan Jesu Christi, des Sohnes Gottes, zu eigen, der in seiner Menschwerdung „sich entäußerte und wie ein Sklave wurde" (vgl. Phil 2,7). Dank der Hilfe hervorragender Lehrer folgte sie den Spuren des hl. Franziskus von Assisi und setzte sich als persönliches und letztes Ziel, ihr Leben nach dem Leben Christi, des einzigen Erlösers des Menschen, zu gestalten. Zur Ehefrau des Landgrafen von Thüringen bestimmt, hörte sie nicht auf, sich der Sorge für die Armen zu widmen, in denen sie die Züge des göttlichen Meisters erkannte. Sie wußte die Fähigkeiten einer vorbildlichen Ehefrau und Mutter mit der Übung der evangelischen Tugenden zu vereinen, die sie in der Schule des Heiligen von Assisi gelernt hatte. Indem sie ein konkretes, sichtbares und bedeutsames Zeugnis der Liebe Christi darbot, erwies sie sich als wahre Tochter der Kirche. Unzählige Menschen sind im Laufe der Jahrhunderte ihrem Beispiel gefolgt und haben sie als Vorbild radikal gelebter exemplarischer christlicher Tugenden in Ehe, Familie und auch im Witwenstand angesehen. Auch Persönlichkeiten aus der Politik haben sich von ihr inspirieren lassen und angespornt gefühlt, sich für die Versöhnung unter den Völkern einzusetzen.

BRIEF, 27. MAI 2007

20. NOVEMBER

Die Nächstenliebe, die zuallererst Sorge um die Gerechtigkeit ist, ist der Prüfstein des Glaubens und der Gottesliebe. Jakobus nennt sie das „königliche Gesetz" [Jak 2,8]. Er läßt darin das Lieblingswort Jesu durchblicken: das Königtum Gottes, die Herrschaft Gottes. Damit ist nicht irgendein Reich gemeint, das irgendwann einmal kommt, sondern damit ist gemeint, daß Gott jetzt bestimmend werden muß für unser Leben und Handeln. Darum bitten wir, wenn wir sagen: Dein Reich komme; wir beten nicht um irgend etwas Entferntes, das wir selber eigentlich gar nicht zu erleben wünschen. Wir beten vielmehr darum, daß jetzt Gottes Wille unseren Willen bestimme und so Gott in der Welt herrsche; also darum beten wir, daß Recht und Liebe entscheidend werden in der Ordnung der Welt. Eine solche Bitte richtet sich natürlich zuerst an Gott, aber sie rüttelt auch an unser eigenes Herz. Wollen wir das eigentlich? Leben wir in dieser Richtung? Jakobus nennt das „königliche Gesetz", das Gesetz von Gottes Königtum, zugleich Gesetz der Freiheit: Wenn alle von Gott her denken und leben, dann werden wir gleich, und dann werden wir frei, und dann entsteht die wahre Geschwisterlichkeit.

PREDIGT, 10. SEPTEMBER 2006

21. November

Gedenktag Unserer Lieben Frau in Jerusalem

In der „Frau“ betrachtet die Kirche die Züge der Maria von Nazareth, einer einzigartigen Frau, da sie berufen ist, eine Sendung zu erfüllen, die sie in sehr enge Beziehung zu Christus stellt – eine ganz einzigartige Beziehung, weil Maria die Mutter des Erlösers ist. Mit derselben Deutlichkeit jedoch können und müssen wir sagen, daß sie unsere Mutter ist, weil sie in einer einzigartigen mütterlichen Beziehung zum Sohn gelebt und so seine Sendung für uns und für das Heil aller Menschen geteilt hat. Indem die Kirche sie betrachtet, erkennt sie in ihr die eigenen Züge: Maria lebt den Glauben und die Liebe; Maria ist ein Geschöpf, auch sie ist vom einzigen Erlöser gerettet; Maria wirkt mit an der Heilsinitiative für die ganze Menschheit. So ist Maria für die Kirche das wahre Bild der Kirche selbst: In ihr muß die kirchliche Gemeinschaft unablässig den echten Sinn ihrer Berufung und ihres eigenen Geheimnisses erkennen.

Predigt, 31. Dezember 2007

22. November

Für die Gläubigen ist der Tag des Todes, und noch mehr der Tag des Martyriums, keineswegs das Ende von allem, sondern vielmehr der „Übergang“ zum unsterblichen Leben, es ist der Tag der endgültigen Geburt, auf lateinisch „dies natalis“. So versteht man die Verbindung, die zwischen dem „dies natalis“ Christi und dem „dies natalis“ des hl. Stephanus besteht. Wenn Jesus nicht auf Erden geboren wäre, hätten die Menschen nicht dem Himmel geboren werden können. Gerade weil Christus geboren wurde, können wir „von neuem geboren werden“!

Angelus, 26. Dezember 2006

23. November

Schließlich ist [...] noch das große Gleichnis vom Letzten Gericht (vgl. Mt 25,31–46) zu erwähnen, in dem die Liebe zum Maßstab für den endgültigen Entscheid über Wert oder Unwert eines Menschenlebens wird. Jesus identifiziert sich mit den Notleidenden: den Hungernden, den Dürstenden, den Fremden, den Nackten, den Kranken, denen im Gefängnis. „Was ihr für einen meiner geringsten Brüder getan habt, das habt ihr mir getan" (Mt 25,40). Gottes- und Nächstenliebe verschmelzen: Im Geringsten begegnen wir Jesus selbst, und in Jesus begegnen wir Gott.

Deus caritas est 15

24. November

Einige neuere Theologen sind der Meinung, daß das verbrennende und zugleich rettende Feuer Christus ist, der Richter und Retter. Das Begegnen mit ihm ist der entscheidende Akt des Gerichts. Vor seinem Anblick schmilzt alle Unwahrheit. Die Begegnung mit ihm ist es, die uns umbrennt und freibrennt zum Eigentlichen unserer selbst. Unsere Lebensbauten können sich dabei als leeres Stroh, als bloße Großtuerei erweisen und zusammenfallen. Aber in dem Schmerz dieser Begegnung, in der uns das Unreine und Kranke unseres Daseins offenbar wird, ist Rettung. Sein Blick, die Berührung seines Herzens heilt uns in einer gewiß schmerzlichen Verwandlung „wie durch Feuer hindurch". Aber es ist ein seliger Schmerz, in dem die heilige Macht seiner Liebe uns brennend durchdringt, so daß wir endlich ganz wir selber und dadurch ganz Gottes werden. So wird auch das Ineinander von Gerechtigkeit und Gnade sichtbar: Unser Leben ist nicht gleichgültig, aber unser Schmutz befleckt uns nicht auf ewig, wenn wir wenigstens auf Christus, auf die Wahrheit und auf die Liebe hin ausgestreckt geblieben sind.

Spe salvi 46

25. November

Das Gericht Gottes ist Hoffnung, sowohl weil es Gerechtigkeit wiewohl weil es Gnade ist. Wäre es bloß Gnade, die alles Irdische vergleichgültigt, würde uns Gott die Frage nach der Gerechtigkeit schuldig bleiben – die für uns entscheidende Frage an die Geschichte und an Gott selbst. Wäre es bloße Gerechtigkeit, würde es für uns alle am Ende nur Furcht sein können. Die Menschwerdung Gottes in Christus hat beides – Gericht und Gnade – so ineinandergefügt, daß Gerechtigkeit hergestellt wird: Wir alle wirken unser Heil „mit Furcht und Zittern" (Phil 2,12). Dennoch läßt die Gnade uns alle hoffen und zuversichtlich auf den Richter zugehen, den wir als unseren „Advokaten", parakletos, kennen (vgl. 1 Joh 2,1).

Spe salvi 47

26. November

Das Bild des Letzten Gerichts ist zuallererst nicht ein Schreckbild, sondern Bild der Hoffnung, für uns vielleicht sogar das entscheidende Hoffnungsbild. Aber ist es nicht doch auch ein Bild der Furcht? Ich würde sagen: ein Bild der Verantwortung. Ein Bild daher für jene Furcht, von der der hl. Hilarius sagt, daß all unsere Furcht in der Liebe ihren Ort hat. Gott ist Gerechtigkeit und schafft Gerechtigkeit. Das ist unser Trost und unsere Hoffnung. Aber in seiner Gerechtigkeit ist zugleich Gnade. Das wissen wir durch den Blick auf den gekreuzigten und auferstandenen Christus. Beides – Gerechtigkeit und Gnade – muß in seiner rechten inneren Verbindung gesehen werden. Die Gnade löscht die Gerechtigkeit nicht aus. Sie macht das Unrecht nicht zu Recht. Sie ist nicht ein Schwamm, der alles wegwischt, so daß am Ende dann eben doch alles gleich gültig wird, was einer auf Erden getan hat...

Spe salvi 44

27. November

Wir warten auf Gerechtigkeit, aber das kann nicht nur Ausdruck eines Anspruchs sein, den wir an die anderen stellen. Auf Gerechtigkeit zu warten bedeutet im christlichen Sinne vor allem, daß wir selbst beginnen, vor dem Angesicht des Richters und nach den Maßstäben des Richters zu leben. Es bedeutet, daß wir beginnen, in seiner Gegenwart zu leben, indem wir die Gerechtigkeit in unserem Leben verwirklichen. So nämlich – wenn wir die Gerechtigkeit verwirklichen und uns in die Gegenwart des Richters stellen – warten wir in der Wirklichkeit auf die Gerechtigkeit. Das ist der Sinn des Advents, der Wachsamkeit. Adventliches Wachen heißt, vor dem Angesicht des Richters zu leben und so uns selbst und die Welt für die Gerechtigkeit bereit zu machen.

Generalaudienz, 19. Dezember 2007

28. November

[...] das Evangelium [fordert] uns auf, wachsam zu sein in der Erwartung des endgültigen Kommens Christi. „Seid also wachsam", sagt Jesus, „denn ihr wisst nicht, wann der Hausherr kommt" (Mk 13,35.37). Das kurze Gleichnis vom Hausherrn, der auf Reisen geht, und von den Dienern, die ihn vertreten sollen, veranschaulicht, wie wichtig es ist, für den Empfang des Herrn gerüstet zu sein, wenn er plötzlich kommt. Die christliche Gemeinschaft wartet voll Sehnsucht auf seine „Offenbarung", und der Apostel Paulus ermahnt die Korinther, auf die Treue Gottes zu vertrauen und so zu leben, daß sie am Tag des Herrn „schuldlos dastehen" (vgl. 1 Kor 1,7–9).

Angelus, 27. November 2005

29. November

Wir könnten sagen, daß der Advent die Zeit ist, in der die Christen in ihren Herzen die Hoffnung neu entdecken sollen, daß sie mit dem Beistand Gottes die Welt verändern können. In diesem Zusammenhang möchte ich auch heute die Konstitution des II. Vatikanischen Konzils „Gaudium et spes“ über die Kirche in der Welt von heute zitieren: Dieser Text ist zutiefst von christlicher Hoffnung durchdrungen. Ich verweise besonders auf Artikel 39, der den Titel trägt „Die neue Erde und der neue Himmel“. Dort lesen wir: „Wir werden belehrt, daß Gott eine neue Wohnstätte und eine neue Erde bereitet, auf der die Gerechtigkeit wohnt (vgl. 2 Kor 5,2; 2 Petr 3,13) (...) Dennoch darf die Erwartung der neuen Erde die Sorge für die Gestaltung dieser Erde nicht abschwächen, (...) sondern muß sie im Gegenteil ermutigen“. Die guten Früchte unserer Arbeit werden wir nämlich dann wiederfinden, wenn Christus sein ewiges und universales Reich dem Vater übergibt.

ANGELUS, 27. NOVEMBER 2005

30. NOVEMBER

ANDREAS, APOSTEL

[Heute] richtet sich unsere Betrachtung [...] auf [...] den Apostel Andreas. Im Evangelium haben wir gehört, daß Johannes der Täufer Andreas und einen weiteren Jünger auf Jesus aufmerksam macht. Andreas erkennt in Jesus schon bei dieser ersten Begegnung den Messias. Daraufhin wird er selbst zum Apostel und führt auch seinen Bruder Simon Petrus zum Meister. Kurze Zeit später treten Andreas und sein Bruder Petrus am See von Galiläa vollständig in die Nachfolge Christi. Namentlich wird Andreas auch bei der Brotvermehrung und bei der Rede über den Untergang Jerusalems erwähnt. Wenige Tage vor dem Leiden Jesu wirkt dieser Apostel, der einen griechischen Namen trägt, gemeinsam mit Philippus als Vermittler für eine Gruppe von gottesfürchtigen Griechen, die Jesus sehen wollen. Dieser antwortet mit einem gleichnishaften Hinweis auf seinen Erlösertod und die Vielzahl der Menschen, die dadurch Leben und Heil erlangen werden. Der Apostel Andreas bezeugt diese Frohe Botschaft später mit seinem Wort und seinem Märtyrertod im griechischen Kulturkreis. Unter den Christen dort, die ihn mit dem Ehrentitel des „Erstberufenen“ anrufen, genießt er besondere Verehrung. Mit diesen Gedanken grüße ich die Pilger und Besucher aus den deutschsprachigen Ländern. Das Beispiel des Apostels Andreas möge euch allen zum Ansporn für ein wahrhaft christliches Leben werden. Laßt euch von Christus rufen, folgt ihm nach und werdet zu Zeugen seiner göttlichen Erlöserliebe.

GENERALAUDIENZ, 14. JUNI 2006

Christkönig

Die Nächstenliebe, die zuallererst Sorge um die Gerechtigkeit ist, ist der Prüfstein des Glaubens und der Gottesliebe. Jakobus nennt sie das „königliche Gesetz". Er läßt darin das Lieblingswort Jesu durchblicken: das Königtum Gottes, die Herrschaft Gottes. Damit ist nicht irgendein Reich gemeint, das irgendwann einmal kommt, sondern damit ist gemeint, daß Gott jetzt bestimmend werden muß für unser Leben und Handeln. Darum bitten wir, wenn wir sagen: Dein Reich komme; wir beten nicht um irgend etwas Entferntes, das wir selber eigentlich gar nicht zu erleben wünschen. Wir beten vielmehr darum, daß jetzt Gottes Wille unseren Willen bestimme und so Gott in der Welt herrsche; also darum beten wir, daß Recht und Liebe entscheidend werden in der Ordnung der Welt. Eine solche Bitte richtet sich natürlich zuerst an Gott, aber sie rüttelt auch an unser eigenes Herz. Wollen wir das eigentlich? Leben wir in dieser Richtung? Jakobus nennt das „königliche Gesetz", das Gesetz von Gottes Königtum, zugleich Gesetz der Freiheit: Wenn alle von Gott her denken und leben, dann werden wir gleich, und dann werden wir frei, und dann entsteht die wahre Geschwisterlichkeit.

Predigt, 10. September 2006

Dezember

1. Dezember

Jedesmal, wenn die christliche Gemeinschaft sich auf das Gedenken der Geburt des Erlösers vorbereitet, spürt sie in ihrem Innern eine freudvolle Stimmung, die sich in gewissem Maße auf die ganze Gesellschaft überträgt. Im Advent erlebt das christliche Volk aufs neue einen zweifachen geistlichen Impuls: Einerseits erhebt es den Blick zum letzten Ziel seiner Pilgerschaft auf Erden, nämlich zur glorreichen Wiederkunft unseres Herrn Jesus Christus; zum anderen erinnert es sich tief bewegt an die Geburt in Bethlehem und kniet vor der Krippe nieder. Die Hoffnung der Christen ist auf die Zukunft gerichtet, bleibt aber stets fest in einem Ereignis der Vergangenheit verankert. In der Fülle der Zeiten wurde der Sohn Gottes von der Jungfrau Maria geboren: „ ... geboren von einer Frau und dem Gesetz unterstellt“, wie der Apostel Paulus schreibt (Gal 4,4).

Angelus, 27. November 2005

2. Dezember

In der Adventszeit bereitet sich die kirchliche Gemeinschaft darauf vor, das große Geheimnis der Menschwerdung zu feiern, und sie ist eingeladen, ihr persönliches Verhältnis zu Gott neu zu entdecken und zu vertiefen. Das lateinische Wort „adventus“ bezieht sich auf das Kommen Christi und stellt das Herabsteigen Gottes zur Menschheit in den Vordergrund, auf das jeder mit Offenheit, Erwartung, Suche und Zustimmung antworten soll. Und so wie Gott in seiner Selbstoffenbarung und seinem Sich-Hinschenken souverän und frei ist, weil ihn allein die Liebe dazu bewegt, so ist auch der Mensch frei, seine, wenn auch gebührende, Einwilligung zu geben: Gott erwartet eine aus Liebe gegebene Antwort.

Angelus, 4. Dezember 2005

3. Dezember

Franz Xaver, Ordenspriester, Glaubensbote

Der hl. Franz Xaver [ist der Schutzpatron] der katholischen Missionen in der ganzen Welt. Dieser berühmte und besonders in Spanien, Indien und Japan bekannte Missionar spricht auch zu den Menschen unserer Zeit vom Heilswirken unseres Herrn Jesus Christus und vom universalen Charakter des Evangeliums. Denn er, der Christus mit so großem Eifer verkündet und viele Menschen zum Glauben bekehrt hat, erweist sich als vorbildlich für einen außerordentlichen geistlichen Fortschritt sowie als bewundernswürdiger Diener des Reiches Gottes und als Lehrmeister für die Verbreitung des Evangeliums in der ganzen Welt.

Schreiben, 3. März 2006

4. Dezember

In einem gewissen Sinne möchte der Herr durch uns Menschen ständig auf die Erde kommen, und er klopft an die Tür unseres Herzens: Bist du bereit, mir dein Fleisch, deine Zeit, dein Leben zu geben? Das ist die Stimme des Herrn, der auch in unsere Zeit eintreten möchte, er möchte durch uns ins Leben der Menschen eintreten. Er sucht auch eine lebendige Wohnung, nämlich unser persönliches Leben. Das ist das Kommen des Herrn, und das wollen wir in der Adventszeit aufs neue lernen: Der Herr möge auch durch uns kommen.

Predigt, 26. November 2005

5. Dezember

Im Advent wiederholt und versichert uns die Liturgie oft, gleichsam als wollte sie unser natürliches Mißtrauen besiegen, daß Gott „kommt“: Er kommt, um bei uns zu sein in jeder unserer Lebenssituationen; er kommt, um in unserer Mitte zu wohnen, um mit uns und in uns zu leben; er kommt, um die Entfernungen zu überbrücken, die uns voneinander trennen und uns entzweien; er kommt, um uns mit ihm und untereinander zu versöhnen. Er kommt in die Geschichte der Menschheit und klopft an die Tür jedes Mannes und jeder Frau guten Willens, um jedem einzelnen, den Familien und den Völkern das Geschenk der Brüderlichkeit, der Eintracht und des Friedens zu bringen. Deshalb ist der Advent die Zeit der Hoffnung schlechthin, in der diejenigen, die an Christus glauben, eingeladen sind, in wachsamer und aktiver Erwartung zu verharren, genährt vom Gebet und vom tätigen Einsatz der Liebe. Möge das Herannahen des Weihnachtsfestes die Herzen aller Christen mit Freude, innerer Ruhe und Frieden erfüllen!

Angelus, 3. Dezember 2006

6. Dezember

Nikolaus, Bischof

Gerade hier in Bari, im glücklichen Bari, der Stadt, die die Gebeine des hl. Nikolaus aufbewahrt, an dieser Stätte der Begegnung und des Dialogs mit den christlichen Brüder des Ostens, möchte ich meinen Willen bekräftigen, daß ich es als grundlegende Aufgabe betrachte, mit allen Kräften für die Wiederherstellung der vollen und sichtbaren Einheit aller Anhänger Christi zu arbeiten. Ich bin mir bewußt, daß gute Absichtserklärungen dafür nicht ausreichen. Erforderlich sind konkrete Gesten, die in die Herzen dringen und die Gewissen anrühren und so jeden zu dieser inneren Umkehr auffordern, die die Voraussetzung für jeden Fortschritt auf dem Weg des Ökumenismus ist (vgl. Botschaft an die Weltkirche, 20. April 2005). Ich bitte alle, entschlossen den Weg jenes geistlichen Ökumenismus einzuschlagen, der im Gebet die Türen für den Heiligen Geist öffnet, der allein die Einheit schaffen kann.

PREDIGT, 29. MAI 2005

7. DEZEMBER

AMBROSIUS, BISCHOF, KIRCHENLEHRER

Der hl. Bischof Ambrosius [...] kam um das Jahr 340 in einer christlichen Familie in Trier zur Welt. Wie sein Vater trat Ambrosius in den staatlichen Dienst und wurde schon in jungen Jahren zum ranghöchsten römischen Beamten in Norditalien. Dort bemühte er sich nach dem Tod des Bischofs von Mailand mit Geschick und Autorität um die Lösung innerkirchlicher Spannungen und wurde daraufhin, obwohl er selber erst Katechumene (d.h. Taufbewerber) war, von den Gläubigen per Akklamation zum Bischof gewählt. Ambrosius stellte sich dieser für ihn überraschenden Aufgabe und begann, sich mit Eifer in das Studium der Heiligen Schrift zu vertiefen. Als Jünger legte er im betenden Hören auf Gottes Wort gleichsam sein Haupt an das Herz Christi, als Hirte führte er die Gläubigen im gemeinsamen Gebet, in der Liturgie und im Zeugnis für das Evangelium. Nicht wenige – unter ihnen der hl. Augustinus – folgten diesem leuchtenden Beispiel und konnten schließlich mit Ambrosius sagen: „Omnia Christus est nobis!" – „Für uns ist Christus alles!"

GENERALAUDIENZ, 24. OKTOBER 2007

8. DEZEMBER

OHNE ERBSÜNDE EMPFANGENE JUNGFRAU UND GOTTESMUTTER MARIA

Maria hat nicht nur keinerlei Sünde begangen, sondern wurde sogar vor jenem dem Menschengeschlecht gemeinsamen Erbe bewahrt, das die Erbschuld ist, und zwar aufgrund der Sendung, zu der Gott sie von jeher bestimmt hatte: die Mutter des Erlösers zu sein. All dies ist in der Glaubenswahrheit der „Unbefleckten Empfängnis" enthalten. Die biblische Grundlage dieses Dogmas findet sich in den Worten, die der Engel an die junge Frau aus Nazareth richtete: „Sei gegrüßt, du Begnadete, der Herr ist mit dir" (Lk 1,28). „Begnadete" – im griechischen Original „kecharitoméne" – ist Marias schönster Name, der Name, den Gott selbst ihr gegeben hat, um zu zeigen, daß sie seit jeher und für immer die Geliebte und Erwählte ist, dazu auserwählt, das kostbarste Geschenk aufzunehmen: Jesus, „die fleischgewordene Liebe Gottes" (Deus caritas est 12).

Angelus, 8. Dezember 2006

9. Dezember

Nachdem wir das Hochfest der Unbefleckten Empfängnis Mariens gefeiert haben, treten wir in diesen Tagen in die stimmungsvolle Atmosphäre der Vorbereitung auf das Weihnachtsfest ein. In der heutigen Konsumgesellschaft erleidet diese Zeit bedauerlicherweise eine Art kommerzieller „Verunreinigung", die ihren wahren Geist, der geprägt ist von geistiger Sammlung, Schlichtheit und einer nicht äußerlichen, sondern tief innerlichen Freude, zu verfälschen droht. Es ist daher von der Vorsehung gewollt, daß – gleichsam wie ein Eingangstor zu Weihnachten – das Fest jener Frau gefeiert wird, die die Mutter Jesu ist und die uns besser als alle anderen dazu anleiten kann, den menschgewordenen Sohn Gottes zu kennen, zu lieben und anzubeten. Lassen wir uns also von ihr führen und uns von ihren Gefühlen beseelen, damit wir uns mit ehrlichem Herzen und offenem Geist darauf einstellen, im Kind von Bethlehem den Sohn Gottes zu erkennen, der auf die Welt gekommen ist, um uns zu erlösen.

Angelus, 11. Dezember 2005

10. Dezember

Unsere Liebe Frau von Loreto

Loreto ist nach Nazareth der ideale Ort, um im Gebet das Geheimnis der Menschwerdung des Sohnes Gottes zu betrachten. Deshalb lade ich in diesem Moment dazu ein, daß wir alle uns zusammen im Geiste und mit dem Herzen in das Heiligtum des Heiligen Hauses begeben, zwischen jene Mauern, die der Tradition nach aus Nazareth kommen, jenem Ort, an dem die Jungfrau ihr „Ja“ zu Gott sagte und in ihrem Schoß das ewige menschgewordene Wort empfing. Bevor wir diese unsere Versammlung beschließen, verlassen wir daher für einen Moment die Agora, den Platz, und betreten im Geiste das Heilige Haus. Es gibt ein wechselseitiges Band zwischen dem Platz und dem Haus. Der Platz ist groß, er ist offen, er ist der Ort der Begegnung mit den anderen, des Dialogs, des Austauschs; das Haus hingegen ist der Ort der Sammlung und der inneren Stille, wo das Wort in Tiefe aufgenommen werden kann. Um Gott auf den Platz zu bringen, muß man ihn zuerst im Haus verinnerlicht haben, wie Maria bei der Verkündigung. Und umgekehrt öffnet sich das Haus hin zum Platz: darauf verweist auch die Tatsache, daß das Heilige Haus von Loreto drei und nicht vier Wände hat: es ist ein offenes Haus, es ist offen hin zur Welt, zum Leben, auch zu dieser Agorá der italienischen Jugendlichen.

Angelus, 2. September 2007

11. Dezember

Um diese Zeit des Advents in wahrhaftiger und fruchtbringender Weise leben zu können, ermahnt uns die Liturgie, auf die allerseligste Jungfrau Maria zu schauen und uns im Geiste zusammen mit ihr auf den Weg zur Grotte von Bethlehem zu machen. Als Gott an die Tür ihres jungen Lebens klopfte, nahm sie ihn voll Glaube und Liebe auf. In wenigen Tagen werden wir sie im strahlenden Geheimnis ihrer Unbefleckten Empfängnis betrachten. Lassen wir uns von ihrer Schönheit, diesem Widerschein der göttlichen Herrlichkeit, anziehen, damit „der Gott, der kommt“ in jedem von uns ein gutes und offenes Herz finde, das er mit seinen Gaben erfüllen kann.

Angelus, 3. Dezember 2006

12. Dezember

Die Familien stehen im Mittelpunkt des Evangelisierungsauftrags der Kirche, denn hier wird zuerst unser Glaubensleben bezeugt und genährt. Liebe Eltern, für eure Kinder seid ihr die ersten Zeugen der Wahrheiten und Werte des Glaubens: Betet mit euren Kindern und betet für sie, belehrt sie durch euer Beispiel der Treue und der Freude! In Wahrheit ist jeder Jünger zur Mission berufen, angespornt durch das Wort Gottes und gestärkt durch die Sakramente. Es handelt sich um eine Aufgabe, auf die niemand verzichten sollte, denn nichts ist schöner, als Christus zu kennen und dazu beizutragen, daß auch die anderen ihn kennenlernen.

Regina Cæli, 13. Mai 2007

13. Dezember

Im Buch der Offenbarung lesen wir: „Dann sah ich einen neuen Himmel und eine neue Erde (...) Ich sah die heilige Stadt, das neue Jerusalem, von Gott her aus dem Himmel herabkommen; sie war bereit wie eine Braut, die sich für ihren Mann geschmückt hat. (...) Seht, die Wohnung Gottes unter den Menschen!" (Offb 21,1–3). Der Advent lädt uns ein, unseren Blick auf das „himmlische Jerusalem" zu richten, das das endgültige Ziel unserer irdischen Pilgerreise ist. Gleichzeitig ermahnt er uns, uns durch Gebet, Umkehr und gute Werke zu bemühen, Jesus in unser Leben aufzunehmen, um gemeinsam mit ihm dieses geistige Haus zu bauen, von dem ein jeder von uns – unsere Familien und unsere Gemeinschaften – ein kostbarer Stein ist.

Angelus, 10. Dezember 2006

14. Dezember

Wenn es also Gott ist, der die Initiative ergreift, um unter den Menschen zu wohnen, und Gott auch der höchste Schöpfer dieses Planes ist, dann ist es jedoch auch wahr, daß er diesen Plan nicht ohne unsere tätige Mitarbeit verwirklichen will. Sich auf Weihnachten vorzubereiten bedeutet deshalb, sich um den Aufbau der „Wohnung Gottes unter den Menschen" zu bemühen. Niemand ist davon ausgeschlossen; jeder kann und muß dazu beitragen, daß dieses Haus der Gemeinschaft größer und schöner wird. Am Ende der Zeiten wird es vervollständigt werden und das „himmlische Jerusalem" sein.

Angelus, 10. Dezember 2006

15. Dezember

Der Advent ist somit die günstige Zeit, um in unseren Herzen die Erwartung dessen zu wecken, „der ist und der war und der kommt" (Offb 1,8). Der Sohn Gottes ist bereits vor zweitausend Jahren nach Bethlehem gekommen, und er kommt in jedem Augenblick in die Seele und in die Gemeinschaft, die bereit ist, ihn zu empfangen, er wird am Ende der Zeiten erneut kommen, um die „Lebenden und die Toten zu richten". Der Gläubige ist daher immer wachsam und von der tiefen Hoffnung beseelt, dem Herrn zu begegnen, wie der Psalm sagt: „Ich hoffe auf den Herrn, es hofft meine Seele, / ich warte voll Vertrauen auf sein Wort. / Meine Seele wartet auf den Herrn / mehr als die Wächter auf den Morgen" (Ps 130,5–6).

Angelus, 2. Dezember 2007

16. Dezember

Die Kirchenväter sagen, daß das „Kommen" Gottes – das beständig geschieht und das sozusagen seinem Sein wesenseigen ist – in den beiden Hauptereignissen des Kommens Christi zusammengefaßt ist: dem seiner Menschwerdung und dem seiner glorreichen Wiederkunft am Ende der Zeiten (vgl. Cyrill von Jerusalem, Katechesen, 15,1). Die ganze Adventszeit lebt von dieser Polarität. In den ersten Tagen liegt die Betonung auf der Erwartung des endgültigen Kommens des Herrn [...]. Mit dem Herannahen des Weihnachtsfestes wird hingegen die Erinnerung an das Ereignis von Bethlehem überwiegen, und man wird in ihm die „Fülle der Zeit" erkennen. Zwischen diesen beiden „deutlich sichtbaren" Ereignissen des Kommens Christi läßt sich ein drittes Kommen ausmachen, das der hl. Bernhard „dazwischenliegend" und „verborgen" nennt; es ereignet sich in der Seele der Gläubigen und schlägt gleichsam eine „Brücke" zwischen dem ersten und dem letzten Kommen. Der hl. Bernhard schreibt: „Im ersten Kommen war Christus unsere Erlösung, im letzten wird er sich als unser Leben offenbaren; in diesem ist er unsere Ruhe und unser Trost" (5. Rede über den Advent, 1).

PREDIGT, 2. DEZEMBER 2006

17. DEZEMBER

Wachsame Erwartung und Vorbereitung prägen die letzten Tage vor dem Weihnachtsfest, und auch die Liturgie der Kirche stimmt uns mit besonders schönen Texten auf die Feier des großen Geheimnisses der Menschwerdung Gottes ein. Dazu gehören die bekannten O-Antiphonen. Diese Anrufungen greifen verschiedene Titel aus dem Alten Testaments auf und bringen damit die Erwartungshaltung des Volkes Gottes zum Ausdruck: O Weisheit hervorgegangen aus dem Mund des Höchsten; O Adonai, Herr und Führer des Hauses Israel; O Sproß aus Isais Wurzel; O Schlüssel Davids; O Morgenstern; O König aller Völker; O Emmanuel, „Gott-mit-uns". Die Antwort auf dieses sehnsüchtige Rufen bringt uns das Evangelium: „Das Wort ist Fleisch geworden und hat unter uns gewohnt" [vgl. Joh 1,14]. Der Sohn Gottes von Ewigkeit ist nun Sohn Mariens geworden.

GENERALAUDIENZ, 19. DEZEMBER 2007

18. DEZEMBER

Es erklingt wie ein heilsamer Aufruf in der Aufeinanderfolge der Tage, Wochen und Monate: Wache auf! Erinnere dich daran, daß Gott kommt! Nicht gestern, nicht morgen, sondern heute, jetzt! Der einzige und wahre Gott, „der Gott Abrahams, Isaaks und Jakobs", ist kein Gott, der im Himmel weilt, ohne sich für uns und unsere Geschichte zu interessieren, sondern er ist der „Gott-der-kommt". Er ist ein Vater, der nie aufhört, an uns zu denken, und der mit äußerster Achtung unserer Freiheit wünscht, uns zu begegnen und zu uns zu kommen; er will in unsere Mitte kommen und unter uns wohnen, er will bei uns bleiben. Zu seinem „Kommen" drängt ihn sein Wille, uns vom Bösen und vom Tod zu befreien, von allem, was unser wahres Glück verhindert. Gott kommt, um uns zu retten.

Predigt, 2. Dezember 2006

19. Dezember

Das Kind, das die Hirten vor nunmehr 2000 Jahren in der Nacht von Bethlehem in einer Grotte anbeteten, wird nicht müde, im täglichen Leben zu uns zu kommen, während wir als Pilger auf dem Weg zum Reich Gottes sind. In seinem Warten bringt der Gläubige also die Hoffnungen der ganzen Menschheit zum Ausdruck. Die Menschheit sehnt sich nach Gerechtigkeit, und so wartet sie, wenn auch oft unbewußt, auf Gott, sie wartet auf das Heil, das nur Gott uns schenken kann. Für uns Christen ist dieses Warten geprägt vom unablässigen Gebet: Das wird sehr deutlich in den besonders eindrucksvollen Anrufungen, die uns in diesen Tagen der Weihnachtsnovene sowohl in der Messe, im Ruf vor dem Evangelium, als auch in der Feier der Vesper, vor dem Gesang des Magnifikat, vorgelegt werden.

Generalaudienz, 19. Dezember 2007

20. Dezember

Jede der Anrufungen, die um das Kommen der Weisheit, der Sonne der Gerechtigkeit, des Gott-mit-uns flehen, enthält ein Gebet, das an den von den Völker Erwarteten gerichtet ist, auf daß er bald komme. Um das Geschenk der Geburt des verheißenen Erlösers zu bitten, bedeutet jedoch auch, daß man sich bemüht, ihm den Weg zu bereiten und ihm eine würdige Wohnstatt zu schaffen - nicht nur in unserer Umgebung, sondern vor allem in unserer Seele. Indem wir uns vom Evangelisten Johannes leiten lassen, wollen wir daher versuchen, in diesen Tagen den Sinn und das Herz dem ewigen Wort zuzuwenden, dem „Logos", dem Wort, das Fleisch geworden ist und aus dessen Fülle wir Gnade über Gnade empfangen haben (vgl. 1,14.16).

Generalaudienz, 19. Dezember 2007

21. Dezember

Die Geburt Christi läßt uns zum Bewußtsein kommen, wie viel das menschliche Leben wert ist, das Leben eines jeden Menschen, von seinem ersten Augenblick an bis hin zu seinem natürlichen Sterben. Wer diesem „in Windeln gewikkelten Kind", das „in einer Krippe liegt" (vgl. Lk 2,12), sein Herz öffnet, dem gibt er die Möglichkeit, mit neuen Augen die alltäglichen Geschehnisse zu betrachten. Er wird die anziehende Macht verkosten können, die aus dem Innern der Liebe Gottes kommt und auch den Schmerz in Freude zu verwandeln vermag.

Angelus, 24. Dezember 2006

22. Dezember

Vergessen wir über den vielen Geschenken, die wir kaufen und die wir empfangen, nicht das eigentliche Geschenk: einander etwas von uns selber zu schenken. Einander unsere Zeit zu schenken. Unsere Zeit für Gott zu öffnen. So löst sich die Hektik. So wird Freude, so wird Fest. Und denken wir bei den festlichen Mahlzeiten dieser Tage an das Wort des Herrn: Wenn du ein Mahl gibst, so lade nicht die ein, die dich wieder einladen, sondern lade die ein, die von niemand eingeladen werden und die dich nicht einladen können (vgl. Lk 14,12–14).

PREDIGT, 24. DEZEMBER 2006

23. DEZEMBER

Zu Weihnachten ertönt in allen Teilen der Erde wieder die frohe Nachricht von der Geburt des Erlösers: Der erwartete Messias ist Mensch geworden und in unsere Mitte gekommen. Mit seiner lichtvollen Gegenwart hat Jesus die Finsternis des Irrtums und der Sünde vertrieben und der Menschheit die Freude des göttlichen Lichtglanzes gebracht, an den der Weihnachtsbaum zeichenhaft erinnert. Ich wünsche Ihnen, daß Sie das Geschenk der Freude, des Friedens und der Liebe Jesu in Ihr Herz aufnehmen. An Christus glauben bedeutet, sich von dem Licht seiner Wahrheit umhüllen zu lassen, die unserem Leben die volle Bedeutung, den Wert und den Sinn verleiht; Christus macht nämlich „in der Offenbarung des Vaters und seiner Liebe dem Menschen den Menschen selbst voll kund und erschließt ihm seine höchste Berufung“ (Gaudium et spes 22).

ANSPRACHE, 17. DEZEMBER 2005

24. DEZEMBER

HEILIGER ABEND

Bereiten wir uns darauf vor, liebe Freunde, Jesus, dem Emmanuel – Gott mit uns – zu begegnen. Geboren in der Armut von Bethlehem, wollte er der Weggefährte eines jeden werden. Seit er sein „Zelt“ in dieser Welt aufgeschlagen hat, ist keiner ein Fremder. Es ist wahr, wir sind alle auf der Durchreise. Gerade aber Jesus ist es, der uns das Gefühl gibt, zu Hause zu sein auf dieser Erde, die durch seine Gegenwart geheiligt wurde. Er aber bittet uns, sie für alle zu einem einladenden Haus zu machen. Die überraschende Gabe von Weihnachten besteht gerade darin: Jesus ist für jeden von uns gekommen und in ihm hat er uns zu Brüdern gemacht. Die entsprechende Aufgabe ist, immer mehr die vorgefaßten Meinungen und Vorurteile zu überwinden, die Schranken niederzureißen und die Kontraste zu beseitigen, die trennen oder – was noch schlimmer ist – die Menschen und die Völker in Gegensatz zueinander bringen, um gemeinsam eine Welt der Gerechtigkeit und des Friedens aufzubauen.

ANGELUS, 24. DEZEMBER 2006

25. DEZEMBER

GEBURT DES HERRN

„Heute ist uns der Heiland geboren!" Heute nacht haben wir erneut in unseren Kirchen diese Botschaft vernommen, die trotz des Laufs der Jahrhunderte unverändert ihre Frische behält. Es ist eine himmlische Botschaft, die uns dazu einlädt, keine Furcht zu haben, da „eine große Freude, die dem ganzen Volk zuteil werden soll" (Lk 2,10), aufgebrochen ist. Es ist eine Botschaft der Hoffnung, weil sie bekannt macht, daß in jener Nacht vor über zweitausend Jahren „in der Stadt Davids der Retter geboren wurde; er ist der Messias, der Herr" (Lk 2,11). Damals erging diese Botschaft an die Hirten auf den Feldern und Hügeln von Bethlehem; heute richtet sie der Engel von Weihnachten erneut an uns, allesamt Bewohner dieser unserer Welt: „Der Heiland ist geboren; er ist für euch geboren! Kommt, kommt, um ihn anzubeten!"

URBI ET ORBI, 25. DEZEMBER 2006

26. DEZEMBER

STEPHANUS, ERSTER MÄRTYRER

Die Apostelgeschichte berichtet uns vom hl. Stephanus an der Spitze der sieben Diakone der Jerusalemer Gemeinde. Die Bezeichnung „Diakon" steht freilich nicht im Text, die Überlieferung hat die Siebenergruppe als Ursprung des Diakonenamtes gedeutet. Die Apostel wählten also bewährte Männer als Helfer für den christlichen Liebesdienst aus, weil nicht mehr alle gleichmäßig und in gleich gerechter Weise bedacht werden konnten, und wählten bewährte Männer dann als Helfer eben für diesen Liebesdienst, um sich selber uneingeschränkt dem Gebet, d.h. vor allem der Feier der Eucharistie, und der Verkündigung widmen zu können. Zum Zeichen der Beauftragung mit diesem Dienst und der Bitte um die dafür notwendige Gnade legten die Apostel den sieben Männern die Hände auf. Stephanus sah über den karitativen Bereich hinaus seine Aufgabe auch in der Evangelisierung. Seine Predigt und sein klares Bekenntnis zu Jesus Christus, den er als die innere Mitte des ganzen Alten Testamentes deutete, brachte ihm dann wieder Widerstand und schließlich das Martyrium ein. Als erster Märtyrer für Christus betete er nach dem Vorbild Jesu noch im Sterben für seine Verfolger.

Generalaudienz, 10. Januar 2007

27. Dezember

Johannes, Apostel, Evangelist

[Johannes, der Theologe] – so nennt ihn die ostkirchliche Tradition. In seinen Schriften befaßt er sich vor allem mit dem Thema der Liebe, die das besondere Merkmal des christlichen Glaubens ist. Die Liebe, das zeigt er uns, ist keine abstrakte Angelegenheit, sie bezieht sich immer auf konkrete Personen. Und er sagt uns schließlich den großen Satz, der einzig in der Religionsgeschichte dasteht: „Gott ist die Liebe“ (1 Joh 4,8), der Urgrund allen wahren Liebens. Gott hat diese Liebe nicht irgendwo oben über uns schweben gelassen, sondern er hat sie konkret in die Geschichte hereingetragen, indem er selber in seinem Sohn Mensch wurde und der menschgewordene Sohn Gottes in der totalen Hingabe am Kreuz sich uns geschenkt hat. Christus, so sagt uns Johannes in seinem ersten Brief, ist die Sühne für unsere Sünden, aber nicht nur für die unseren, sondern für die der ganzen Welt. Dieses Werk der Erlösung durch die göttliche Liebe wirkt durch die Zeiten fort, aber es will Antwort, es will, daß in uns das sich fortsetze. So hat Jesus uns das Gebot gegeben, das er das „neue“ nennt: „Wie ich euch geliebt habe, so sollt ihr einander lieben" (Joh 13,34). Der Maßstab ist nicht mehr bloß, den Nächsten „wie sich selbst", sondern die anderen lieben, wie er uns geliebt hat. Das ist das neue Christliche, das wir nie ganz zustandebringen, aber auf das wir wenigstens zugehen wollen.

GENERALAUDIENZ, 9. AUGUST 2006

28. DEZEMBER

UNSCHULDIGE KINDER

In seinem Evangelium erzählt [Matthäus], daß einige „Sterndeuter" – wahrscheinlich Religionsoberhäupter aus Persien – von einem „Stern" geführt nach Jerusalem gelangten. Sie interpretierten dieses leuchtende Himmelsphänomen als Zeichen der Geburt eines neuen Königs der Juden. In der Stadt wußte niemand davon, im Gegenteil: Der regierende König Herodes war von der Nachricht stark beunruhigt und erdachte den tragischen Plan zum „Kindermord von Bethlehem", um den soeben geborenen Rivalen zu beseitigen. Die Sterndeuter hingegen verließen sich auf die Heiligen Schriften, insbesondere auf die Weissagung Michas, wonach der Messias in Bethlehem geboren würde, der Stadt Davids, etwa zehn Kilometer südlich von Jerusalem gelegen (vgl. Mi 5,1). Sie brachen in diese Richtung auf, sahen erneut den Stern und folgten ihm voll Freude, bis er über einer Hütte stehenblieb. Sie traten ein und fanden das Kind mit Maria; sie warfen sich vor ihm nieder und schenkten ihm Gold, Weihrauch und Myrrhe als Huldigung an seine Königswürde.

ANGELUS, 6. JANUAR 2007

29. DEZEMBER

„Das Wort ist Fleisch geworden und hat unter uns gewohnt" (Joh 1,14). Was bedeutet dieses große Geheimnis unseres Glaubens? Warum ist Gott Mensch geworden? Der Gesang der Engel in Bethlehem hilft uns, auf diese Fragen zu antworten: „Ehre sei Gott in der Höhe und Friede auf

Erden den Menschen seiner Gnade" (Lk 2,14). Die Geburt Christi ist zugleich Verherrlichung Gottes und Friede für die Menschen. Der Friede steht für die Fülle aller messianischen Gaben, für das Heil, das Christus selbst ist. Der hl. Irenäus schreibt dazu: „Das Wort ist zum Nutzen der Menschen Austeiler der Gnadengaben geworden, die der Vater schenkt. (...) Die Herrlichkeit Gottes ist der lebendige Mensch; das Leben des Menschen die Gottesschau" (Adv. Haer. IV, 20, 5.7). Gottes Herrlichkeit offenbart sich im Heil des Menschen, für den der Vater seinen Sohn hingibt. Der tiefste Grund der Menschwerdung ist also die Liebe Gottes, der uns die Erlösung schenken will.

GENERALAUDIENZ, 27. DEZEMBER 2006

30. DEZEMBER

Maria und Joseph haben Jesus vor allem durch ihr Beispiel erzogen: in seinen Eltern hat er die ganze Schönheit des Glaubens, der Liebe zu Gott und seinem Gesetz kennengelernt wie auch die Anforderungen der Gerechtigkeit, die ihre volle Erfüllung in der Liebe findet (vgl. Röm 13,10). Von ihnen hat er gelernt, daß man zuallererst den Willen Gottes tun muß und daß die geistlichen Bande wertvoller sind als die Bande des Blutes. Die Heilige Familie von Nazareth ist in der Tat das „Urbild" jeder christlichen Familie, die im Sakrament der Ehe vereint und vom Wort und von der Eucharistie genährt, dazu gerufen ist, die wundervolle Berufung und Sendung zu verwirklichen, lebendige Zelle nicht nur der Gesellschaft zu sein, sondern der Kirche, Zeichen und Werkzeug der Einheit für das ganze Menschengeschlecht.

ANGELUS, 31. DEZEMBER 2006

31. DEZEMBER

Aus vielen Gründen ist unser Dank groß und wird zu einem gemeinsamen Gebet. Während wir an die zahlreichen

Ereignisse denken, die den Lauf der Monate in diesem Jahr, das sich seinem Ende zuneigt, geprägt haben, möchte ich besonders die Menschen in Erinnerung rufen, die sich in schwierigen Lebenslagen befinden: die Ärmsten und Verlassensten, diejenigen, die die Hoffnung verloren haben, einen Sinn in ihrem Leben zu finden oder die unfreiwillige Opfer eigennütziger Interessen sind, ohne daß nach ihrer Zustimmung oder Meinung gefragt wird. Indem wir ihr Leiden zu unserem Leiden machen, vertrauen wir sie alle Gott an, der alle Dinge zum Guten wenden kann; Ihm vertrauen wir unseren Wunsch an, daß jedem Menschen seine Würde als Kind Gottes zuerkannt werde. Den Herrn des Lebens bitten wir, durch seine Gnade die vom Bösen verursachten Schmerzen zu lindern und unserem irdischen Leben auch weiterhin Kraft zu geben und uns das Brot und den Wein des Heils zu schenken, als Nahrung auf unserem Weg zum himmlischen Vaterland.

PREDIGT, 31. DEZEMBER 2005

ADVENT

Mit dem [...] ersten Adventssonntag beginnt ein neues Kirchenjahr: das Volk Gottes macht sich erneut auf den Weg, um das Geheimnis Christi in der Geschichte zu leben. Christus ist derselbe gestern, heute und in Ewigkeit (vgl. Hebr 13,8); die Geschichte hingegen ist im Wandel begriffen und muß ständig evangelisiert werden; sie muß von innen her erneuert werden, und die einzige wahre Neuheit ist Christus: Er ist ihre volle Erfüllung, die leuchtende Zukunft des Menschen und der Welt. Von den Toten auferstanden ist Jesus der Herr, dem Gott alle Feinde unterwerfen wird, den Tod selbst eingeschlossen (vgl. 1 Kor 15,25–28).

ANGELUS, 2. DEZEMBER 2007